A DRAFT OF SHADOWS

Also by Octavio Paz

Configurations
Early Poems 1935–1955
Eagle or Sun?

Octavio Paz

A DRAFT OF SHADOWS
and Other Poems

Edited and translated from the Spanish by ELIOT WEINBERGER
With translations by ELIZABETH BISHOP and MARK STRAND

A New Directions Book

Grateful acknowledgement is made to the editors and publishers of the
following magazines and journals in which some of the translations in this
volume first appeared: *The Advocate, The Hudson Review, Mars* (London),
*Montemora, The Nation, Nimrod, The Paris Review, Parnassus, Ploughshares,
Review 72,* and *Roof.*

Elizabeth Bishop's translation of "Objects & Apparitions," Copyright © 1974
by The New Yorker Magazine, Inc.Translations of "The Key of Water,"
"Along Galeana Streets," and "January First," Copyright © 1972, 1975 by
Elizabeth Bishop. Used by permission of Farrar, Straus & Giroux, Inc.

Translations of "Small variation," "Wind and water and stone," "Waking,"
"Sight, touch," and "Between leaving and staying" by Mark Strand,
Copyright © 1979 by The New Yorker Magazine, Inc. Translation of
"Flame, Speech," Copyright © 1978 by Mark Strand. Used by permission of
the translator.

Manufactured in the United States of America
First published clothbound and as New Directions Paperbook 489 in 1979
Published simultaneously in Canada by George J. McLeod, Ltd., Toronto

Library of Congress Cataloging in Publication Data
Paz, Octavio, 1914–
    A draft of shadows, and other poems.
    (A New Directions Book)
    I. Weinberger, Eliot. II. Title.
PQ7297. P285A29   861   79-15588
ISBN 0-8112-0738-2 pbk.

New Directions Books are published for James Laughlin
by New Directions Publishing Corporation,
80 Eighth Avenue, New York 10011

SECOND PRINTING

Contents

EDITOR'S NOTE

The selections in this book are drawn from sixteen years of Octavio Paz's poetry. Part I presents some of the poems from *Ladera este* (*"East Slope,"* 1969) which, for reasons of space, were not included in the New Directions collection *Configurations*. These were written in the years 1962–68, while Paz served as the Mexican Ambassador to India. In October 1968, as is well known, he resigned his post in protest over his government's massacre of student demonstrators prior to the Olympic Games in Mexico City. The poem "A tale of two gardens" was written during a long sea voyage from Bombay to Las Palmas in November of that year.

Paz spent the next few years in England, France, and the United States. In 1971 he returned to Mexico, after a twelve-year absence, and was confronted with the urban nightmare of Mexico City, now the fastest-growing metropolis in the world. The book that resulted, *Vuelta* (*"Return,"* 1976) combines shorter texts from the European period with four long "Mexican" poems of disaster and rage. Readers with preconceptions of a "Paz poem" may well be surprised, especially by "The petrifying petrified," where even the words themselves have rotted and melded into one another on the "dungheap" of the modern city.

Unexpected too, was the other direction Paz took: *Pasado en claro* (*"A draft of shadows"*—see note—first published in 1975, then extensively revised for the French edition in 1977), a long meditation on the poet's childhood and adolescence, and on the language that approximates these memories on the page.

Finally, Part IV offers a few of Paz' most recent poems. These lyrics however are not entirely representative, for Paz has been writing longer political poems and experimenting with traditional verse forms. Once again, space precludes: they await the next book.

In editing and translating these poems, I was fortunate to have the French translation of *Pasado en claro* by Roger Caillois, a British version of "A la mitad de esta frase" by Michael Schmidt, the fine existing translations by Elizabeth Bishop and Mark Strand which are included here, and above all the active and generous participation of Octavio Paz in an endless discussion of the particular.

ELIOT WEINBERGER

El otro

Se inventó una cara.
                    Detrás de ella
Vivió, murió y resucitó
Muchas veces.
                Su cara
Hoy tiene las arrugas de esa cara.
Sus arrugas no tienen cara.

Efectos del bautismo

El joven Hassan,
Por casarse con una cristiana,
Se bautizó.
                El cura,
Como a un vikingo,
Lo llamó Erik.
                    Ahora
Tiene dos nombres
Y una sola mujer.

The other

He invented a face for himself.
                         Behind it,
He lived, died, and was resurrected
Many times.
            His face today
Has the wrinkles from that face.
His wrinkles have no face.

The effects of baptism

Young Hassan,
In order to marry a Christian,
Was baptized.
                 The priest
Named him Erik,
As though he were a Viking.
                              Now
He has two names
And only one wife.

Golden lotuses (3)

Jardines despeinados,
Casa grande como una hacienda.
Hay muchos cuartos vacíos,
Muchos retratos de celebridades
Desconocidas. Moradas y negras,
En paredes y sedas marchitas
Las huellas digitales
De los monzones giratorios.
Lujo y polvo. Calor, calor.
La casa está habitada por una mujer rubia.
La mujer está habitada por el viento.

Madrugada al raso

Los labios y las manos del viento
El corazón del agua
                              Un eucalipto
El campamento de las nubes
La vida que nace cada día
La muerte que nace cada vida

Froto mis párpados:
El cielo anda en la tierra

Golden lotuses (3)

Disheveled gardens,
House as big as an estate.
Endless empty rooms,
Endless portraits of unknown celebrities.
On the walls and the faded silk,
The black and purple fingerprints
Of the wheeling monsoons.
Luxe and dust. Heat, heat.
The house is inhabited by a fair-skinned woman.
The woman is inhabited by the wind.

Daybreak

Hands and lips of wind
Heart of water
               Eucalyptus
Campground of the clouds
The life that is born every day
The death that is born every life

I rub my eyes:
The sky walks the land

Himachal Pradesh (1)

Vi
Al pie de los contrafuertes
La dispersión de los horizontes
(En un cráneo de caballo
Una colmena de abejas atareadas)

Vi
El vértigo pertrificado
El jardín suspendido de la asfixia
(Una mariposa atigrada
Inmóvil sobre la punta de un aroma)

Vi
Las montañas de los sabios
Donde el viento destroza a las águilas
(Una niña y una vieja en los huesos
Cargar fardos más grandes que estos montes)

Himachal Pradesh (1)

I saw
At the foot of the ridge
The dispersion of horizons
(A hive of diligent bees
In a horse's skull)

I saw
Vertigo petrified
The hanging gardens of asphyxia
(A tiger butterfly
Motionless on the tip of a scent)

I saw
The mountains of the sages
Where the wind mangles eagles
(A girl and an old woman, skin and bones
Carry bundles bigger than those peaks)

La exclamación

Quieto
      No en la rama
En el aire
        No en el aire
En el instante
        El colibrí

Prójimo lejano

Anoche un fresno
A punto de decirme
Algo—callóse.

Exclamation

Stillness
        Not on the branch
In the air
        Not in the air
In the moment
        Hummingbird

Distant neighbor

Last night an ash tree
Was about to say—
But didn't

Escritura

Yo dibujo estas letras
Como el día dibuja sus imágenes
Y sopla sobre ellas y no vuelve

Concorde

A Carlos Fuentes

Arriba el agua
Abajo el bosque
El viento por los caminos

Quietud del pozo
El cubo es negro   El agua firme

El agua baja hasta los árboles
El cielo sube hasta los labios

Writing

I draw these letters
As the day draws its images
And blows over them
                              And does not return

Concord

For Carlos Fuentes

       Water above
       Grove below
Wind on the roads

       Quiet well
Bucket's black   Spring water

Water coming down to the trees
    Sky rising to the lips

Soltura

A Cintio Vitier

Bajo la lluvia de los tambores
El tallo negro de la flauta
Crecía y se desvanecía y reverdecía
Las cosas se desataban de sus nombres
Al borde de mi cuerpo
                Yo fluía
Entre los elementos desceñidos

Concierto en el jardín

(VINA Y MRIDANGAM)

A Carmen Figueroa de Meyer

Llovió.
La hora es un ojo inmenso.
En ella andamos como reflejos.
El río de la música
Entra en mi sangre.
Si digo: cuerpo, contesta: viento.
Si digo: tierra, contesta: ¿ dónde?

Se abre, flor doble, el mundo:
Tristeza de haber venido,
Alegría de estar aquí.

Ando perdido en mi propio centro.

Release

For Cintio Vitier

Beneath the rain of drums
The flute's black stalk
Grew, withered, and sprouted again.
Things cast off from their names
I flowed
      At my body's edge
Among the unbound elements

Concert in the garden

(VINA AND MRIDANGAM)

For Carmen Figueroa de Meyer

It rained.
The hour is an enormous eye.
Inside it, we come and go like reflections.
The river of music
Enters my blood.
If I say *body*, it answers *wind*.
If I say *earth*, it answers *where?*

The world, a double blossom, opens:
Sadness of having come.
Joy of being here.

I walk lost in my own center.

Sunyata

Al confín
        Yesca
Del espacio calcinado
La ascensión amarilla
Del árbol
        Torbellino ágata
Presencia que se consume
En una gloria sin sustancia
Hora a hora se deshoja
El día
        Ya no es
Sino un tallo de vibraciones
Que se disipan
        Y entre tantas
Beatitudes indiferentes
Brota
        Intacto idéntico
El día
        El mismo que fluye
Entre mis manos
                El mismo
Brasa sobre mis párpados
El día   El árbol

Sunyata

At the limit
   Tinder
Of charred space
The tree's
Yellow ascension
    Agate whirlwind
Presence consumed
In weightless glory
Hour after hour unleaving
The day
  Now nothing
But a stalk
   Of scattering vibrations
And amid such
    Indifferent bliss
It sprouts
   Identical intact
The day
   The same that flows
Through my hands
    The same
Ember on my eyelids
The day The tree

Un anochecer

¿Qué la sostiene, entreabierta
Claridad anochecida,
Luz por los jardines suelta?

Todas las ramas, vencidas
Por un agobio de pájaros,
Hacia lo oscuro se inclinan.

Sobre las bardas—intactos:
Todavía resplandores—
Instantes ensimismados.

Para recibir la noche
Se cambian las arboledas
En callados surtidores.

Cae un pájaro, la yerba
Ensombrece, los confines
Se borran, la cal es negra,
El mundo es menos creíble.

Nightfall

What sustains it,
Half-open, the clarity of nightfall,
The light let loose in the gardens?

All the branches,
Conquered by the weight of birds,
Lean toward the darkness.

Pure, self-absorbed moments
Still gleam
On the fences.

Receiving night,
The groves become
Hushed fountains.

A bird falls,
The grass grows dark,
Edges blur, lime is black,
The world is less credible.

En los jardines de los Lodi

En el azul unánime
Los domos de los mausoleos
—Negros, reconcentrados, pensativos—
Emitieron de pronto
                    Pájaros

Madrigal

Más transparente
Que esa gota de agua
Entre los dedos de la enredadera
Mi pensamiento tiende un puente
De ti misma a ti misma
                    Mírate
Más real que el cuerpo que habitas
Fija en el centro de mi frente

Naciste para vivir en una isla

In the Lodi gardens

The black, pensive, dense
Domes of the mausoleums
Suddenly shot birds
Into the unanimous blue

Madrigal

More transparent
Than this water dropping
Through the vine's twined fingers
My thought stretches a bridge
From yourself to yourself
                  Look at you
Truer than the body you inhabit
Fixed at the center of my mind

You were born to live on an island

La llave de agua

Adelante de Rishikesh
El Ganges es todavía verde.
El horizonte de vidrio
Se rompe entre los picos.
Caminamos sobre cristales.
Arriba y abajo
Grandes golfos de calma.
En los espacios azules
Rocas blancas, nubes negras.
Dijiste:
>   *Le pays est plein de sources.*
Esa noche mojé mis manos en tus pechos.

The key of water

After Rishikesh
The Ganges is still green.
The glass horizon
Breaks among the peaks.
We walk upon crystals.
Above and below
Great gulfs of calm.
In the blue spaces
White rocks, black clouds.
You said:
>   *Le pays est plein de sources.*
That night I dipped my hands in your breasts.

[E.B.]

Eje

Por el arcaduz de sangre
Mi cuerpo en tu cuerpo
                    Manantial de noche
Mi lengua de sol en tu bosque
                        Artesa tu cuerpo
Trigo rojo yo
            Por el arcaduz de hueso
Yo noche yo agua
                Yo bosque que avanza
Yo lengua
        Yo cuerpo
                    Yo hueso de sol
Por el arcaduz de noche
                    Manantial de cuerpos
Tú noche del trigo
                Tú bosque en el sol
Tú agua que espera
                Tú artesa de huesos
Por el arcaduz de sol
                    Mi noche en tu noche
Mi sol en tu sol
                Mi trigo en tu artesa
Tu bosque en mi lengua
                    Por el arcaduz del cuerpo
El agua en la noche
                    Tu cuerpo en mi cuerpo
Manantial de huesos
                Manantial de soles

Axis

Through the conduits of blood
My body in your body
                       Spring of night
My tongue of sun in your forest
                             Your body a kneading-trough
I red wheat
             Through the conduits of bone
I night I water
                I forest that moves forward
I tongue
        I body
               I sun-bone
Through the conduits of night
                        Spring of bodies
You night of wheat
                  You forest in the sun
You waiting water
                You kneading-trough of bones
Through the conduits of sun
                     My night in your night
My sun in your sun
                My wheat in your kneading-trough
Your forest in my tongue
                     Through the conduits of the body
Water in the night
                Your body in my body
Spring of bones
                Spring of suns

Con los ojos cerrados

Con los ojos cerrados
Te iluminas por dentro
Eres la piedra ciega

Noche a noche te labro
Con los ojos cerrados
Eres la piedra franca

Nos volvemos inmensos
Sólo por conocernos
Con los ojos cerrados

With eyes closed

With eyes closed
You light up within
You are blind stone

Night after night I carve you
With eyes closed
You are frank stone

We have become enormous
Just knowing each other
With eyes closed

Domingo en la isla de Elefanta

IMPRECACIÓN

Al pie de las sublimes esculturas,
Desfiguradas por los musulmanes y los portugueses,
La multitud ha dejado un *picnic* de basura
Para los cuervos y los perros.
Yo la condeno a renacer cien veces
En un muladar,
                    Como a los otros,
Por eones, en carne viva han de tallarlos
En el infierno de los mutiladores de estatuas.

INVOCACION

Shiva y Parvati:
                    Los adoramos
No como a dioses,
                    Como a imágenes
De la divinidad de los hombres.
Ustedes son lo que el hombre hace y no es,
Lo que el hombre ha de ser
Cuando pague la condena del quehacer.
Shiva:
          Tus cuatro brazos son cuatro ríos,
Cuatro surtidores.
                    Todo tu ser es una fuente
Y en ella se baña la linda Parvati,
En ella se mece como una barca graciosa.
El mar palpita bajo el sol:
Son los gruesos labios de Shiva que sonríe;
El mar es una larga llamarada:
Son los pasos de Parvati sobre las aguas.
Shiva y Parvati:
                    La mujer que es mi mujer
Y yo,

Sunday on the island of Elephanta

IMPRECATION

At the feet of the sublime statutes,
Disfigured by the Muslims and the Portuguese,
The crowds have left a picnic of garbage
For the crows and dogs.
I condemn them to be reborn a hundred times
On a dungheap,
                    And as for the others,
For eons they must carve in living flesh
In the hell for the mutilators of statutes.

INVOCATION

Shiva and Parvati:
                    We worship you
Not as gods
                    But as images
Of the divinity of man.
You are what man makes and is not,
What man will be
When he has served the sentence of hard labor.
Shiva:
       Your four arms are four rivers,
Four jets of water.
                       Your whole being is a fountain
Where the lovely Parvati bathes,
Where she rocks like a graceful boat.
The sea beats beneath the sun:
It is the great lips of Shiva laughing;
The sea is ablaze:
It is the steps of Parvati on the waters.
Shiva and Parvati:
                    The woman who is my woman
And I

Nada les pedimos, nada
Que sea del otro mundo:
                              Sólo
La luz sobre el mar,
La luz descalza sobre el mar y la tierra dormidos.

      Ask you for nothing, nothing
That comes from the other world:
                                    Only
The light on the sea,
The barefoot light on the sleeping land and sea.

Cuento de dos jardines

Una casa, un jardín,
                    no son lugares:
giran, van y vienen.
                    Sus apariciones
abren en el espacio
                    otro espacio,
otro tiempo en el tiempo.
                    Sus eclipses
no son abdicaciones:
                    nos quemaría
la vivacidad de uno de esos instantes
si durase otro instante.
                    Estamos condenados
a matar al tiempo:
                    así morimos,
poco a poco.
                    Un jardín no es un lugar.
Por un sendero de arena rojiza
entramos en una gota de agua,
bebemos en su centro verdes claridades,
por la espiral de las horas
                              ascendemos
hasta la punta del día
                              descendemos
hasta la consumación de su brasa.
Fluye el jardín en la noche,
                    río de rumores.

Aquel de Mixcoac, abandonado,
cubierto de cicatrices,
                    era un cuerpo
a punto de desplomarse.
                    Yo era niño
y el jardín se parecía a mi abuelo.
Trepaba por sus rodillas vegetales
sin saber que lo habían condenado.

A tale of two gardens

A house, a garden,
                    are not places:
they spin, they come and go.
                              Their apparitions open
another space
              in space,
another time in time.
                      Their eclipses
are not abdications:
the vivacity of one of those moments
                                      would burn us
if it lasted a moment more.
                            We are condemned
to kill time:
              so we die,
little by little.
                  A garden is not a place.
Down a path of reddish sand,
we enter a drop of water,
we drink green clarities from its center,
we climb the spiral of hours
to the tip of the day,
                       we descend
to the consummation of its ember.
Mumbling river,
                the garden flows through the night.

That one in Mixcoac, abandoned,
covered with scars,
                    was a body
at the point of collapse.
                          I was a boy,
and the garden to me was like a grandfather.
I clambered up its vegetal knees,
not knowing it was doomed.

El jardín lo sabía:
            esperaba su destrucción
como el sentenciado el hacha.
La higuera era la diosa,
            la Madre.
Zumbar de insectos coléricos,
los sordos tambores de la sangre,
el sol y su martillo,
el verde abrazo de innumerables brazos.
La incisión del tronco:
            el mundo se entreabrió.
Yo creí que había visto a la muerte:
            vi
la otra cara del ser,
            la vacía,
el fijo resplandor sin atributos.

Se agolpan, en la frente del Ajusco,
las blancas confederaciones.
            Ennegrecen,
son ya una masa cárdena,
una protuberancia enorme que se desgarra:
el galope del aguacero cubre todo el llano.
Llueve sobre lavas:
            danza el agua
sobre la piedra ensangrentada.
            Luz, luz:
substancia del tiempo y sus inventos.
Meses como espejos,
uno en el otro reflejado y anulado.
Días en que no pasa nada,
contemplación de un hormiguero,
sus trabajos subterráneos,
sus ritos feroces.
            Inmerso en la luz cruel,
expiaba mi cuerpo-hormiguero,
            espiaba
la febril construcción de mi ruina.
Elitros:
            el afilado canto del insecto

The garden knew it:
                    it awaited its destruction
as a condemned man awaits the ax.
The fig tree was a goddess,
                    the Mother.
Hum of irascible insects,
the muffled drums of the blood,
the sun and its hammer,
the green hug of innumerable limbs.
The cleft in the trunk:
                    the world half-opened.
I thought I had seen death:
                    I saw
the other face of being,
                    the feminine void,
the fixed featureless splendor.

White leagues batter
the crest of Ajusco,
                    turn black,
a livid mass,
                    a great bulge splitting open:
the rainsquall's gallop covers the plain.
Rain on lava:
            water dances
on bloodstained stone.
                    Light, light:
the stuff of time and its inventions.
Months like mirrors,
one by the other reflected and effaced.
Days when nothing happens,
the contemplation of an ants' nest,
its subterranean labor,
its fierce rites.
                    Immersed in the cruel light,
I washed my ants' nest body,
                    I watched
the restless construction of my ruin.
Elytra:
        the insect's razor song

corta las yerbas secas.
                    Cactos minerales,
lagartijas de azogue en los muros de adobe,
el pájaro que perfora el espacio,
sed, tedio, tolvaneras,
impalpables epifanías del viento.
Los pinos me enseñaron a hablar solo.
En aquel jardín aprendí a despedirme.

Después no hubo jardines.
                    Un día,
como si regresara,
                    no a mi casa,
al comienzo del Comienzo,
                    llegué a una claridad.
Espacio hecho de aire
                    para los juegos pasionales
del agua y de la luz.
                    Diáfanas convergencias:
del gorjeo del verde
                    al azul más húmedo
al gris entre brasas
                    al más llagado rosa
al oro desenterrado.
                    Oí un rumor verdinegro
brotar del centro de la noche: el *nim*.
                    El cielo,
con todas sus joyas bárbaras,
                    sobre sus hombros.
El calor era una mano inmensa que se cerraba,
se oía el jadeo de las raíces,
la dilatación del espacio,
el desmoronamiento del año.
                    El árbol no cedía.
Grande como el monumento a la paciencia,
justo como la balanza que pesa
                    la gota de rocío,
                    el grano de luz,
                    el instante.
Entre sus brazos cabían muchas lunas.

cuts the dry grass.
Mineral cacti,
quicksilver lizards in the adobe walls,
the bird that punctures space,
thirst, tedium, clouds of dust,
impalpable epiphanies of wind.
The pines taught me to talk to myself.
In that garden I learned to send myself off.

Later there were no gardens.
One day,
as if I had returned,
not to my house,
but to the beginning of the Beginning,
I reached a clarity.
Space made of air
for the passionate games
of water and light.
Diaphanous convergences:
from the twittering of green
to the most humid blue
to the grey of embers
to a woundlike pink
to unburied gold.
I heard a dark green murmur
burst from the center of the night: the *nim*.
On its shoulders,
the sky
with all its barbarian jewels.
The heat was a huge closing hand,
one could hear the roots panting,
space expanding,
the crumbling of the year.
The tree did not yield.
Big as a monument to patience,
just as the balance that weighs
a dewdrop,
a grain of light,
an instant.
Many moons fit in its branches.

Casa de las ardillas,
                    mesón de los mirlos.

La fuerza es fidelidad,
                    el poder acatamiento:
nadie acaba en sí mismo,
                    un todo es cada uno
en otro todo,
                    en otro uno.
El otro está en el uno,
                    el uno es otro:
somos constelaciones.
                    El *nim*, enorme,
sabía ser pequeño.
                    A sus pies
supe que estaba vivo,
                    supe
que morir es ensancharse,
                    negarse es crecer.
Aprendí,
         en la fraternidad de los árboles,
a reconciliarme,
                    no conmigo:
con lo que me levanta, me sostiene, me deja caer.

Me crucé con una muchacha.
                    Sus ojos:
el pacto del sol de verano con el sol de otoño.
Partidaria de acróbatas, astrónomos, camelleros.
Yo de fareros, lógicos, sadúes.
                    Nuestros cuerpos
se hablaron, se juntaron y se fueron.
Nosotros nos fuimos con ellos.
                    Era el monzón.
Cielos de yerba machacada
                    y el viento en armas
por las encrucijadas.
                    Por la niña del cuento,
marinera de un estanque en borrasca,
la llamé Almendrita.

House of squirrels,
>   blackbird inn.

Strength is fidelity,
>   power reverence:
no one ends at himself,
>   each one is an all
in another all,
>   in another one.
The other is contained in the one,
>   the one is another:
we are constellations.
>   The enormous *nim*
once knew how to be small.
>   At its feet
I knew I was alive,
>   I knew
that death is expansion,
>   self-negation is growth.
I learned,
>   in the brotherhood of the trees,
to reconcile myself,
>   not with myself:
with what lifts me, sustains me, lets me fall.

I crossed paths with a girl.
>   Her eyes:
the pact between the summer and the autumn suns.
She a partisan of acrobats, astronomers, camel drivers.
I of lighthouse keepers, logicians, saddhus.
>   Our bodies
spoke, mingled, and went off.
We went off with them.
>   It was the monsoon.
Skies of grass-bits
>   and armed wind
at the crossroads.
>   I named her Almendrita
after the girl of the story,
sailor of a stormy pond.

No un nombre:
un velero intrépido.
                    Llovía,
la tierra se vestía y así se desnudaba,
las serpientes salían de sus hoyos,
la luna era de agua,
                    el sol era de agua,
el cielo se destrenzaba,
sus trenzas eran ríos desatados,
los ríos tragaban pueblos,
muerte y vida se confundían,
amasijo de lodo y de sol,
estación de lujuria y pestilencia,
estación del rayo sobre el árbol de sándalo,
tronchados astros genitales
                              pudriéndose
resucitando en tu vagina,
                        madre India,
India niña,
empapada de savia, semen, jugos, venenos.

A la casa le brotaron escamas.
                        Almendrita:
llama intacta entre el culebreo y el ventarrón,
en la noche de hojas de banano
                        ascua verde,
hamadríada,
        yakshi:
                risas en el matorral,
manojo de albores en la espesura,
                        más música
que cuerpo,
            más fuga de pájaro que música,
más mujer que pájaro:
                    sol tu vientre,
sol en el agua,
            agua de sol en la jarra,
grano de girasol que yo planté en mi pecho,
ágata,
        mazorca de llamas en el jardín de huesos.

                    Not a name:
an intrepid sailboat.
                    It rained,
the earth dressed and became naked,
snakes left their holes,
the moon was made of water,
                              the sun was water,
the sky took out its braids
and its braids were unraveled rivers,
the rivers swallowed villages,
death and life were jumbled,
dough of mud and sun,
season of lust and plague,
season of the ray on the sandalwood tree,
mutilated genital stars
                         rotting,
reviving in your vagina,
                         mother India,
girl India,
drenched in semen, sap, poison, juices.

Scales grew on the house.
                    Almendrita:
flame intact through the snaking and the wind-gust,
in the night of the banana leaves,
                         green ember,
hamadryad,
          yakshi:
                    laughter in the brambles,
bundle of brightness in the thicket,
                              more music
than body,
          more bird-flight than music,
more woman than bird:
                    your belly the sun,
sun in the water,
                  sun-water in the earthen jar,
sunflower seed I planted in my chest,
agate,
          ear of flame in the garden of bones.

Chuang-Tseu le pidió al cielo sus luminarias,
sus címbalos al viento,
                        para sus funerales.
Nosotros le pedimos al *nim* que nos casara.
Un jardín no es un lugar:
                        es un tránsito,
una pasión.
                No sabemos hacia dónde vamos,
transcurrir es suficiente,
                        transcurrir es quedarse:
una vertiginosa inmovilidad.
                        Las estaciones,
oleaje de los meses.
                Cada invierno
una terraza sobre el año.
                        Luz bien templada,
resonancias, transparencias,
                        esculturas de aire
disipadas apenas pronunciadas:
                        ¡sílabas,
islas afortunadas!
                Engastado en la yerba
el gato Demóstenes es un carbón luminoso,
la gata Semíramis persigue quimeras,
                        acecha
reflejos, sombras, ecos.
                Arriba,
sarcasmos de cuervos;
                el urugayo y su hembra,
príncipes desterrados;
                la upupa,
pico y penacho, un alfiler engalanado;
la verde artillería de los pericos;
los murciélagos color de anochecer.
En el cielo
        liso, fijo, vacío,
el milano
        dibuja y borra círculos.

For his funeral,
Chuang-tzu asked heaven for its lights,
the wind for its cymbals.
We asked the *nim* to marry us.
A garden is not a place:
it is a passage,
a passion.
We don't know where we're going,
to pass through is enough,
to pass through is to remain:
a dizzying immobility.
Seasons,
the waves of months.
Each winter
a terrace above the year.
Well-tempered light,
resonance, transparency,
sculptures of air
dissolved as soon as they are said:
syllables,
the fortunate isles!
A sneak in the grass,
Demosthenes the cat is a luminous coal;
the female, Semiramis, chases ghosts,
stalks
reflections, shadows, echoes.
Above,
the sarcastic crows;
the capercaillie and his mate,
exiled princes;
the hoopoe,
crest and beak a fancy brooch;
the green artillery of the parakeets;
bats the color of nightfall.
On the fixed, empty,
even sky,
a kite
draws and erases circles.

Ahora,
　　　　quieto
　　　　　　　sobre la arista de una ola:
un albatros,
　　　　　　　peñasco de espuma.
Instantáneo,
　　　　　　se dispersa en alas.
No estamos lejos de Durban
　　　　　　　　　　(allí estudió Pessoa).
Cruzamos un petrolero.
　　　　　　　　　Iba a Mombasa,
ese puerto con nombre de fruta.
　　　　　　　　　　　　(En mi sangre:
Camoens, Vasco da Gama y los otros . . .)
El jardín se ha quedado atrás.
　　　　　　　　　　　　¿Atrás o adelante?
No hay más jardines que los que llevamos dentro.
¿Qué nos espera en la otra orilla?
Pasión es tránsito:
　　　　　　　　la otra orilla está aquí,
luz en el aire sin orillas,
　　　　　　　　Prajnaparamita,
Nuestra Señora de la Otra Orilla,
　　　　　　　　　　tú misma,
la muchacha del cuento,
　　　　　　　　　la alumna del jardín.
Olvidé a Nagarjuna y a Dharmakirti
　　　　　　　　　　　　en tus pechos,
en tu grito los encontré,
　　　　　　　　Maithuna,
　　　　　　　　　　dos en uno,
uno en todo,
　　　　　　todo en nada,
　　　　　　　　　¡*sunyata*,
plenitud vacía,
　　　　　　vacuidad redonda como tu grupa!

　　　　Los cormoranes:
　　　　sobre un charco de luz
　　　　pescan sus sombras.

Now,
  silent
      on a wave's arista:
an albatross,
          a cliff of foam.
Sudden
    scatter into wings.
We're not far from Durban
                    (where Pessoa studied).
We pass a tanker,
            heading for Mombassa,
that port with the name of a fruit.
                        (In my blood:
Camoens, Vasco da Gama, and the rest . . .)
The garden has been left behind.
                    Behind or ahead?
There are no more gardens than those we carry within.
What waits for us on the other bank?
Passion is passage:
              the other bank is here,
light in the bankless air,
                Prajnaparamita,
Our Lady of the Other Bank,
                  you yourself,
the girl of the tale,
              alumna of the garden.
I forgot Nagarjuna and Dharmakirti
                    in your breasts,
I found them in your cry,
              Maithuna,
                  two in one,
one in all,
      all in nothing,
            sunyata,
the empty plenitude,
                emptiness round as your hips!

            Cormorants over
            an unrippled pool of light
            fish for their shadows.

43

La visión se disipa en torbellinos,
hélice de diecisiete sílabas
                        dibujada en el mar
no por Basho:
               por mis ojos, el sol y los pájaros,
hoy, hacia las cuatro,
                  a la altura de Mauritania.
Una ola estalla:
          mariposas de sal.
Metamorfosis de lo idéntico.
                      A esta misma hora
Delhi y sus piedras rojas,
                su río turbio,
sus domos blancos,
               sus siglos en añicos,
se transfiguran:
               arquitecturas sin peso,
cristalizaciones casi mentales.
                     Desvanecimientos,
alto vértigo sobre un espejo.
                  El jardín se abisma.
Ya es un nombre sin substancia.

Los signos se borran:
          yo miro la claridad

The vision scatters in a whirlwind,
helix of seventeen syllables
                    drawn on the sea,
not by Basho:
            by my eyes, the sun and the birds,
today, at about four,
                at the latitude of Mauritania.
A wave explodes:
                salt butterflies.
Metamorphosis of the identical.
                        At this same moment,
Delhi and its red stones,
                    its muddy river,
its white domes,
                its centuries in smithereens,
transfigure:
            structures with no weight,
almost mental crystallizations.
                        Dizziness,
vertigo high above a mirror.
                        The garden sinks.
Now it is a name without substance.

The signs are erased:
                I watch clarity

El fuego de cada día

A Juan García Ponce

Como el aire
             hace y deshace
sobre las páginas de la geología,
sobre las mesas planetarias,
sus invisibles edificios:
                          el hombre.
Su lenguaje es un grano apenas,
pero quemante,
                en la palma del espacio.

Sílabas son incandescencias.
También son plantas:
                      sus raíces
fracturan el silencio,
                        sus ramas
construyen casas de sonidos.
                              Sílabas:
se enlazan y se desenlazan,
                             juegan
a las semejanzas y las desemejanzas.
Sílabas:
          maduran en las frentes,
florecen en las bocas.
                        Sus raíces
beben noche, comen luz.
                          Lenguajes:
árboles incandescentes
de follajes de lluvias.

Vegetaciones de relámpagos,
geometrías de ecos:
sobre la hoja de papel
el poema se hace
                  como el día
sobre la palma del espacio.

The everyday fire

For Juan García Ponce

Like the air
          constructing and deconstructing
invisible buildings
on the pages of geology,
on the planetary mesas:
               man.
His language scarcely a grain
burning
      in the palm of space.

Syllables are incandescent.
And they are plants:
           their roots
fracture silence,
          their branches
build houses of sound.
           Syllables:
they twine and untwine,
              playing
at likeness and unlikeness.
Syllables:
       they ripen in the mind,
flower in the mouth.
           Their roots
drink night, eat light.
            Languages:
trees incandescent
with leaves of rain.

Foliage of lightning,
geometries of echoes:
on a leaf of paper
the poem constructs itself
              like day
on the palm of space.

Por la calle de Galeana

A Ramón Xirau

Golpean martillos allá arriba
    voces pulverizadas
Desde la punta de la tarde bajan
    verticalmente los albañiles

Estamos entre azul y buenas noches
    aquí comienzan los baldíos
Un charco anémico de pronto llamea
    la sombra de un colibrí lo incendia

Al llegar a las primeras casas
    el verano se oxida
Alguien ha cerrado la puerta alguien
    habla con su sombra

Pardea ya no hay nadie en la calle
    ni siquiera este perro
asustado de andar solo por ella
    Da miedo cerrar los ojos

Along Galeana Street

For Ramón Xirau

Hammers pound there above
    pulverized voices
From the top of the afternoon
    the builders come straight down

We're between blue and good evening
    here begin vacant lots
A pale puddle suddenly blazes
    the shade of the hummingbird ignites it

Reaching the first houses
    the summer oxidizes
Someone has closed the door   someone
    speaks with his shadow

It darkens   There's no one in the street now
    not even this dog
scared to walk through it alone
    One's afraid to close one's eyes

[E.B.]

La arboleda

A Pere Gimferrer

Enorme y sólida
                    pero oscilante,
golpeada por el viento
                    pero encadenada,
rumor de un millón de hojas
contra mi ventana.
                    Motín de árboles,
oleaje de sonidos verdinegros.
                    La arboleda,
quieta de pronto,
                    es un tejido de ramas y frondas.
Hay claros llameantes.
                    Caída en esas redes
se revuelve,
                    respira
una materia violenta y resplandeciente,
un animal iracundo y rápido,
cuerpo de lumbre entre las hojas:
                    el día.

A la izquierda del macizo,
                    más idea que color,
poco cielo y muchas nubes,
                    el azuleo de una cuenca
rodeada de peñones en demolición,
                    arena precipitada
en el embudo de la arboleda.
                    En la región central
gruesas gotas de tinta
                    esparcidas
sobre un papel que el poniente inflama,
negro casi enteramente allá,
                    en el extremo sudeste,
donde se derrumba el horizonte.
                    La enramada,

The Grove

For Pere Gimferrer

Enormous and solid
     but swaying,
beaten by the wind
     but chained,
murmur of a million leaves
against my window.
     Riot of trees,
surge of dark green sounds.
      The grove,
suddenly still,
    is a web of fronds and branches.
But there are flaming spaces
      and, fallen into these meshes,
—restless,
   breathing—
is something violent and resplendent,
an animal swift and wrathful,
a body of light among the leaves:
      the day.

To the left, above the wall,
      more idea than color,
a bit of sky and many clouds,
      a tile-blue basin
bordered by big, crumbling rocks,
      sand cast down
into the funnel of the grove.
     In the middle
thick drops of ink
    spattered
on a sheet of paper inflamed by the west;
it's black, there, almost entirely,
      in the far southeast,
where the horizon breaks down.
     The bower

vuelta cobre, relumbra.
                    Tres mirlos
atraviesan la hoguera y reaparecen,
                              ilesos,
en una zona vacía: ni luz ni sombra.
                           Nubes
en marcha hacia su disolución.

Encienden luces en las casas.
El cielo se acumula en la ventana.
                       El patio,
encerrado en sus cuatro muros,
                      se aísla más y más.
Así perfecciona su realidad.
                   El bote de basura,
la maceta sin planta,
              ya no son,
sobre el opaco cemento,
               sino sacos de sombras.
Sobre sí mismo
           el espacio
se cierra.
       Poco a poco se petrifican los nombres.

turns copper, shines.
                    Three blackbirds
pass through the blaze and reappear,
                              unharmed,
in the empty space: neither light nor shade.
                                   Clouds
on the way to their dissolution.

Lights are lit in the houses.
The sky gathers in the window.
                         The patio
enclosed in its four walls
                    grows more and more secluded.
Thus it perfects its reality.
                    And now the trash can,
the empty flower pot,
                    on the blind cement
contain nothing but shadows.
                         Space closes
over itself.
          Little by little the names petrify.

                                        [E.B.]

Paisaje inmemorial

A José de la Colina

Se mece aérea
           se desliza
entre ramas   troncos   postes
revolotea
         perezosa
entre los altos frutos eléctricos
cae
   oblicua
       ya azul
sobre la otra nieve

              Hecha
de la misma inmateria que la sombra
no arroja sombra alguna
                Tiene
la densidad del silencio
                La nieve
es nieve pero quema

              Los faros
perforan súbitos túneles
                al instante
desmoronados
         La noche
acribillada
         crece se adentra
se ennochece
         Pasan
los autos obstinados
             todos
por distintas direcciones
hacia el mismo destino

              Un día
en los tallos de hierro

Immemorial landscape

For José de la Colina

Airily flutters
                    slips
among branches   trunks   poles
lazily
         hovers over
the high electric fruit
it falls
         aslant
                    now blue
on the other snow

                    Made
of the same immaterial as shadow
it casts no shadow
                    As dense
as silence
              this snow
is snow, but it burns

                         Headlights
drill quick tunnels
                         collapsed
in a moment
                    Night
riddled
         grows inward
grows night
              Obstinate cars
go by
      all
in different directions
to the same destination

                         One day
the streetlights will explode

estallarán las lámparas
                    Un día
el mugido del río de motores
ha de apagarse
                    Un día
estas casas serán colinas
otra vez
            el viento entre las piedras
hablará a solas
                    Oblicua
entre las sombras
                            insombra
ha de caer
            casi azul
sobre la tierra
                    La misma de ahora
la nieve de hace un millón de años

from their iron stalks
                    One day
the bellowing river of engines
will be choked
                    One day
these houses will be hills
once more
                    the wind in the stones
will talk only to itself
                            Aslant
among the shadows
                        unshadow
will fall
        almost blue
on the earth
                The same as tonight
the million year old snow

Vuelta

A José Alvarado

> *Mejor será no regresar al pueblo,*
> *al edén subvertido que se calla*
> *en la mutilación de la metralla.*
>
> Ramón López Velarde

Voces al doblar la esquina
                              voces
entre los dedos del sol
                       sombra y luz
casi líquidas
            Silba el carpintero
silba el nevero
               silban
tres fresnos en la plazuela
                          Crece
se eleva el invisible
follaje de los sonidos
                     Tiempo
tendido a secar en las azoteas
Estoy en Mixcoac
                En los buzones
se pudren las cartas
                    Sobre la cal del muro
la mancha de la buganvilla
                         aplastada por el sol
escrita por el sol
                  morada caligrafía pasional
Camino hacia atrás
                  hacia lo que dejé
o me dejó
         Memoria
inminencia de precipicio
                        balcón
sobre el vacío

Return

For José Alvarado

> *It's better not to go back to the village,*
> *the subverted paradise silent*
> *in the shatter of shrapnel.*
>   Ramón López Velarde

Voices at the corner's turn
                    voices
through the sun's spread hand
                    almost liquid
shadow and light
                    The carpenter whistles
the iceman whistles
                    three ash trees
whistling in the plaza
                    The invisible
foliage of sounds growing
rising up
          Time
stretched to dry on the rooftops
I am in Mixcoac
                    Letters rot
in the mailboxes
                    The bougainvillea
against the wall's white lime
                    flattened by the sun
a stain a purple
                    passionate calligraphy
written by the sun
I am walking back
                    back to what I left
or to what left me
                    Memory
edge of the abyss
                    balcony
over the void

Camino sin avanzar
estoy rodeado de ciudad
                    Me falta aire
me falta cuerpo
              me faltan
la piedra que es almohada y losa
la yerba que es nube y agua
Se apaga el ánima
                  Mediodía
puño de luz que golpea y golpea
Caer en una oficina
                o sobre el asfalto
ir a parar a un hospital
                      la pena de morir así
no vale la pena
              Miro hacia atrás
ese pasante
          ya no es sino bruma

Germinación de pesadillas
infestación de imágenes leprosas
en el vientre los sesos los pulmones
en el sexo del templo y del colegio
en los cines
              impalpables poblaciones del deseo
en los sitios de convergencia del aquí y el allá
el esto y el aquello
                  en los telares del lenguaje
en la memoria y sus moradas
pululación de ideas con uñas y colmillos
multiplicación de razones en forma de cuchillos
en la plaza y en la catacumba
en el pozo del solitario
en la cama de espejos y en la cama de navajas
en los albañales sonámbulos
en los objetos del escaparate
sentados en un trono de miradas

Madura en el subsuelo
la vegetación de los desastres

I walk and do not move forward
I am surrounded by city
                    I lack air
lack body
        lack
the stone that is pillow and slab
grass that is cloud and water
The soul darkens
                Noon
pounding fist of light
To collapse in an office
                        or onto the pavement
to end up in a hospital
                        the pain of dying like that
isn't worth the pain
                I look back
that passerby
            nothing now but mist

Germination of nightmares
infestation of leprous images
in the belly brains lungs
in the genitals of the college and the temple
in the movie houses
                desire's ghost population
in the meeting-places of here and there
this and that
                in the looms of language
in memory and its mansions
teeming clawed tusked ideas
swarms of reasons shaped like knives
in the catacombs in the plaza
in the hermit's well
in the bed of mirrors and in the bed of razors
in the sleepwalking sewers
in the objects in the store window
seated on a throne of glances

The vegetation of disaster
ripens beneath the ground

                    Queman
millones y millones de billetes viejos
en el Banco de México
                    En esquinas y plazas
sobre anchos zócalos de lugares comunes
los Padres de la Iglesia cívica
cónclave taciturno de Gigantes y Cabezudos
ni águilas ni jaguares
                    los licenciados zopilotes
los tapachiches
                    alas de tinta mandíbulas de sierra
los coyotes ventrílocuos
                    traficantes de sombra
los beneméritos
                    el cacomixtle ladrón de gallinas
el monumento al Cascabel y a su víbora
los altares al máuser y al machete
el mausoleo del caimán con charreteras
esculpida retórica de frases de cemento

Arquitecturas paralíticas
                    barrios encallados
jardines en descomposición
                    médanos de salitre
baldíos
          campamentos de nómadas urbanos
hormigueros gusaneras
                    ciudades de la ciudad
costurones de cicatrices
                    callejas en carne viva
Ante la vitrina de los ataúdes
                    Pompas Fúnebres
putas
     pilares de la noche vana
                    Al amanecer
en el bar a la deriva
                    el deshielo del enorme espejo
donde los bebedores solitarios
contemplan la disolución de sus facciones
El sol se levanta de su lecho de huesos

                    They are burning
millions and millions of old notes
in the Bank of Mexico
                    On corners and plazas
on the wide pedestals of the common places
the Fathers of the Civic Church
a silent conclave of puppet buffoons
neither eagles nor jaguars
                         buzzard lawyers
locusts
        wings of ink   sawing mandibles
ventriloquist coyotes
                      peddlers of shadows
beneficent satraps
                   the cacomistle   thief of hens
the monument to the Rattle and its snake
the altar to the mauser and the machete
the mausoleum of the epauletted cayman
rhetoric sculpted in phrases of cement

Paralytic architecture
                        stranded districts
rotting municipal gardens
                          mounds of saltpeter
deserted lots
              camps of urban nomads
ants' nests worm-farms
                        cities of the city
thoroughfares of scars
                        alleys of living flesh
Funeral Parlor
               by a window display of coffins
whores
      pillars of vain night
                         At dawn
in the drifting bar
                    the enormous mirror thaws
the solitary drinkers
contemplate the dissolution of their faces
The sun rises from its bed of bones

El aire no es aire
                    ahoga sin brazos ni manos
El alba desgarra la cortina
                              Ciudad
montón de palabras rotas

                    El viento
en esquinas polvosas
                         hojea los periódicos
Noticias de ayer
                    más remotas
que una tablilla cuneiforme hecha pedazos
Escrituras hendidas
                    lenguajes en añicos
se quebraron los signos
                              atl tlachinolli
                    se rompió
                              agua quemada
No hay centro
                    plaza de congregación y consagración
no hay eje
              dispersión de los años
desbandada de los horizontes
                              Marcaron a la ciudad
en cada puerta
              en cada frente
                         el signo $

Estamos rodeados
                    He vuelto adonde empecé
¿Gané o perdí?
              (*Preguntas*
¿qué leyes rigen "éxito" y "fracaso"?
Flotan los cantos de los pescadores
ante la orilla inmóvil
                    Wang Wei al Prefecto Chang
desde su cabaña en el lago
                              Pero yo no quiero
una ermita intelectual
en San Ángel o en Coyoacán)
                    Todo es ganancia

64

The air is not air
                    it strangles without arms or hands
Dawn rips the curtains
                              City
heap of broken words

                         Wind
on the dusty corners
                         turns the papers
Yesterday's news
                    more remote
than a cuneiform tablet smashed to bits
Cracked scriptures
                    languages in pieces
the signs were broken
                         atl tlachinolli
                         burnt water was split
There is no center
                    plaza of congregation and consecration
there is no axis
                    the years dispersed
horizons disbanded
                         They have branded the city
on every door
                    on every forehead
                              the $ sign

We are surrounded
                    I have gone back to where I began
Did I win or lose?
                    (*You ask*
what laws rule "success" and "failure"?
The songs of the fishermen float up
from the unmoving riverbank
                              Wang Wei to the Prefect Chang
from his cabin on the lake
                              But I don't want
an intellectual hermitage
in San Angel or Coyoacán)
                         All is gain

si todo es pérdida
               Camino hacia mí mismo
hacia la plazuela
              El espacio está adentro
no es un *edén subvertido*
                  es un latido de tiempo
Los lugares son confluencias
                    aleteo de presencias
es un espacio instantáneo
                Silba el viento
entre los fresnos
            surtidores
luz y sombra casi líquidas
                 voces de agua
brillan   fluyen   se pierden
                  me dejan en las manos
un manojo de reflejos
              Camino sin avanzar
Nunca llegamos
            Nunca estamos en donde estamos
No el pasado
          el presente es intocable

if all is lost
            I walk toward myself
toward the plaza
                  Space is within
it is not a *subverted paradise*
                        it is a pulse-beat of time
Places are confluences
                  flutters of beings
in an instantaneous space
                  Wind whistles
in the ash tree
            fountains
almost liquid light and shadow
                        voices of water
shine   flow   are lost
                  a bundle of reflections
left in my hands
            I walk without moving forward
We never arrive
            Never reach where we are
Not the past
            the present is untouchable

P i e l
Sonido del mundo

*The skin of the world, the sound of
the world.*

Robert Motherwell

Negro sobre blanco,
        azul,
             el gigante grano de polen
estalla
    entre las grietas del tiempo,
entre las fallas de la conciencia.
                Gruesas gotas
negras   blancas:
        lluvia de simientes.
El árbol semántico,
          planta pasional
mente sacudida,
        llueve hojas digitales:
río de manos
      sobre   hacia   entre.

Gotas de tinta mental.
          La lluvia roja
empapa hasta los huesos
          la palabra *España*,
palabra calcárea;
        el cisne de los signos,
el tintero de las transfiguraciones,
             lanza
dados de sombra sobre la tela;
la llamita roja de lengua azul,
         plantada
en la eminencia del pubis,
         dispara su kikirikí:
Je t'aime con pan y metáforas de pan,
           Je t'aime
y te ato con interminables cintas de metonimias,
Je t'aime entre paréntesis imantados,

68

"The skin of the world,
the sound of the world"

Robert Motherwell

Black on white,
                blue,
                            the great grain of pollen
bursts
        in the cracks of time,
in the clefts of consciousness.
                            Thick drops
black   white:
                rain of seeds.
The semantic tree,
                    passion plant,
seminal mind,
                rains finger-shaped leaves:
a river of hands
                over   toward   between.

Mental inkdrops.
                Red rain
drenching to the bone
                    the word *España*,
calcareous word;
                    swan of signs,
the inkwell of transfigurations
                                tosses
shadow-dice against the canvas;
the red flame with a blue tongue
                        planted
on the pubic hill
                crows *kikiriki:*
Je t'aime with bread and metaphors for bread,
                                Je t'aime
I tie you with endless ribbons of metonymies,
Je t'aime between magnetic parentheses,

Je t'aime

caída en esta página,
                    isla
en el mar de las perplejidades.

La marea de los ocres,
                    su cresta verdeante,
su grito blanco,
                el desmoronamiento del horizonte
sobre metros y metros de tela desierta,
                                el sol,
la traza de sus pasos en el cuadro,
                                colores-actos,
los hachazos del negro,
                        la espiral del verde,
el árbol amarillo que da frutos de lumbre,
                                    el azul
y sus pájaros al asalto del blanco,
                                espacio
martirizado por la idea,
                    por la pasión tatuado.

Las líneas,
            vehemencia y geometría,
cables de alta tensión:
                    la línea bisturí,
la línea fiel de la balanza,
                        la mirada-línea
que parte al mundo y lo reparte como un pan.

En un pedazo de tela,
                    lugar de la aparición,
el cuerpo a cuerpo:
                    la idea hecha acto.
Chi ama crede:
                        lleno
            el cuadro   plural único otro
                        vació
respira igual a sí mismo ya:
                            espacio reconquistado.

70

fallen on this page,
                island
in a sea of perplexities.

The ocher tide
               its green crest,
its white cry,
             the collapse of the horizon
on yards and yards of deserted canvas,
                    the sun,
track of its steps through the picture,
                   color-acts,
ax-blows of black,
             spiral of green,
yellow tree and its blazing fruit,
               blue
and its birds assaulting the white,
                space
martyred by ideas,
            tattooed by passion.

Lines,
     vehemence and geometry,
high-tension wires:
             the scalpel line,
the pointer of a balance,
             the sight line
that divides the world like a loaf of bread.

Place of apparitions
             on a piece of canvas,
face to face:
         idea made act.
Chi ama crede:
         the picture empty/full plural unique another
breathes still equal to itself:
             reconquered space.

A la mitad de esta frase . . .

No estoy en la cresta del mundo.
                El instante
no es columna de estilita,
              no sube
desde mis plantas el tiempo,
                no estalla
en mi cráneo en una silenciosa explosión negra,
iluminación idéntica a la ceguera.
Estoy en un sexto piso,
             estoy
en una jaula colgada del tiempo.

Sexto piso:
         marea y martilleo,
pelea de metales,
             despeñavidrierío,
motores con rabia ya humana.
               La noche
es un rumor que se desgaja,
           un cuerpo
que al abrazarse se desgarra.
             Ciega,
religa a tientas sus pedazos,
          junta
sus nombres rotos, los esparce.
Con las yemas cortadas
se palpa en sueños la ciudad.

No estoy en el crucero:
           elegir
es equivocarse.
        Estoy
en la mitad de esta frase.
             ¿Hacia dónde me lleva?
Retumba de tumbo en tumbo,

In the middle of this phrase . . .

I am not at the crest of the world.
                              The moment
is not the stylite's pillar,
                              time
doesn't rise from my feet,
                              doesn't burst
in my skull in a silent black explosion,
illumination the same as blindness.
I am on the sixth floor,
                              I am
in a cage hung from time.

Sixth floor:
                clatter and surf,
battle of metals,
                              glasshatter,
engines with a rage now human.
                              The night
is a disjointed murmur,
                              a body
self-embraced, tearing itself apart.
                              Blind,
fumbling to bind its pieces,
                              it gathers
its broken names and scatters them.
With lopped fingers
the city touches itself in dreams.

I am not at the crossroads:
                              to choose
is to go wrong.
                I am
in the middle of this phrase.
                              Where will it take me?
Rumbling tumble,

                              hechos y fechas,
mi nacicaída:
              calendario que se desmiembra
por las concavidades de mi memoria.
Soy el costal de mis sombras.

                         Declive
hacia los senos fláccidos de mi madre.
Colinas arrugadas,
                    lavadas lavas,
llano de llanto,
                 yantar de salitre.
Dos obreros abren el hoyo.
                              Desmoronada
boca de ladrillo y cemento.
                              Aparece
la caja desencajada:
                     entre tablones hendidos
el sombrero gris perla,
                        el par de zapatos,
el traje negro de abogado.
                              Huesos, trapos, botones:
montón de polvo súbito
                       a los pies de la luz.
Fría, *no usada luz,*
               casi dormida,
luz de la madrugada
                    recién bajada del monte,
pastora de los muertos.
                         Lo que fue mi padre
cabe en ese saco de lona
                         que un obrero me tiende
mientras mi madre se persigna.
                              Antes de terminarse
la visión se disipa:
                     estoy en la mitad,
colgado en una jaula,
                       colgado en una imagen.
El origen se aleja,
               el fin se desvanece.

data and date,
my birthfall:
calendar dismembered
in the hollows of my memory.
I am the sack of my shadows.

Descent
to the slack breasts of my mother.
Wrinkled hills,
swabbed lava,
sobbing fields,
saltpeter meals.
Two workmen open the pit.
Crumbled
mouth of cement and brick.
The wracked box appears:
through the loose planks
the pearl-gray hat,
the pair of shoes,
the black suit of a lawyer.
Bones, buttons, rags:
sudden heap of dust
at the feet of the light.
Cold, *unused light*,
almost sleeping,
dawn light,
just down from the hills,
shepherdess of the dead.
That which was my father
fits in that canvas sack
a workman hands me
as my mother crosses herself.
Before it ends
the vision scatters:
I am in the middle,
hung in a cage,
hung in an image.
The beginning drifts off,
the end vanishes.

No hay fin ni principio:
                    estoy en la pausa,
no acabo ni comienzo,
                    lo que digo
no tiene pies ni cabeza.
                    Doy vueltas en mí mismo
y siempre encuentro
                    los mismos nombres,
los mismos rostros
                    y a mí mismo no me encuentro.
Mi historia no es mía:
                    sílaba de esa frase rota
que en su delirio circular
                    repite la ciudad, repite.

Ciudad, mi ciudad,
                    estela afrentada,
piedra deshonrada,
                    nombre escupido.
Tu historia es la Historia:
                    destino
enmascarado de libertad,
                    estrella
errante y sin órbita,
                    juego
que todos jugamos sin saber las reglas,
juego que nadie gana,
                    juego sin reglas,
desvarío de un dios especulativo,
                    un hombre
vuelto dios tartamudo.
                    Nuestros oráculos
son los discursos del afásico,
                    nuestros profetas
son videntes con anteojos.
                    Historia:
ir y venir sin fin, sin comienzo.

There is neither start nor finish:
                              I am in the pause,
I neither end nor begin,
                    what I say
has neither hands nor feet.
                              I turn around in myself
and always find
                    the same names,
the same faces,
                    and never find myself.
My history is not mine:
                              a syllable from that broken phrase
the city in its circular fever
                              repeats and repeats.

City, my city,
                    insulted stela,
dishonored stone,
                    name spat out.
Your story is History:
                              fate
masked as freedom,
                              errant,
orbitless star,
                    a game
we all play without knowing the rules,
a game that no one wins,
                              a game without rules,
the whim of a speculative god,
                              a man
turned into a stuttering god.
                              Our oracles
are aphasic speech.
                    Our prophets
seers with glasses.
                    History:
coming and going
                    without beginning
                              without end.

Nadie ha ido allá,
                    nadie
ha bebido en la fuente,
                    nadie
ha abierto los párpados de piedra del tiempo,
                              nadie
ha oído la primera palabra,
                    nadie oirá la última,
la boca que la dice habla a solas,
                              nadie
ha bajado al hoyo de los universos,
                              nadie
ha vuelto del muladar de soles.

                         Historia:
basurero y arco iris.
                    Escala
hacia las altas terrazas:
                         siete notas
desvanecidas en la claridad.
                         Palabras sin sombra.
No las oímos, las negamos,
                    dijimos que no existían:
nos quedamos con el ruido.
                         Sexto piso:
estoy en la mitad de esta frase:
                              ¿hacia
dónde me lleva?
                    Lenguaje despedazado.
Poeta: jardinero de epitafios.

No one has gone there,
                    no one
has drunk from the fountain,
                         no one
has opened the stone eyelids of time,
                              no one
has heard the first word,
                         no one will hear the last,
the mouth that speaks it talks to itself,
                              no one
has gone down in the pit of the universes,
                                   no one
has returned from the dungheap of the suns.

          History:
dump and rainbow.
               Scale
to the high terraces:
                    seven notes
dissolved in clarity.
                    Shadowless words.
We didn't hear them, we denied them,
                              we said they don't exist:
we were content with noise.
                         Sixth floor:
I am in the middle of this phrase:
                              where
will it take me?
               Mangled language.
Poet: gardener of epitaphs.

Piedra blanca y negra

Sima
    siembra una piedra
en el aire
        La piedra asciende
Adentro
      hay un viejo dormido
Si abre los ojos
          la piedra estalla
remolino de alas y picos
             sobre una mujer
que fluye
        entre las barbas del otoño
La piedra desciende
           arde
en la plaza del ojo
        florece
en la palma de tu mano
          habla
suspendida
        entre tus pechos
lenguajes de agua
          La piedra madura
Adentro
      cantan las semillas
           Son siete
siete hermanas
        siete víboras
siete gotas de jade
        siete palabras
dormidas
      en un lecho de vidrio
siete venas de agua
          en el centro
de la piedra
        abierta por la mirada

Black and white stone

Sima
　　　seeds a stone
in the air
　　　　　The stone rises
Inside
　　　an old man is asleep
If his eyes open
　　　　　　　the stone explodes
whirlwind of wings and beaks
　　　　　　　　　　above a woman
who flows
　　　　　through the whiskers of autumn
The stone falls
　　　　　　burning
in the eye's plaza
　　　　　　　　flowering
in the palm of your hand
　　　　　　　　　speaking
hung
　　　between your breasts
languages of water
　　　　　　　　The stone ripens
Inside
　　　the seeds sing
　　　　　　　　They are seven
seven sisters
　　　　　　seven vipers
seven drops of jade
　　　　　　　　seven words
asleep
　　　on a bed of glass
seven veins of water
　　　　　　　　　in the center
of the stone
　　　　　opened with a glance

Objetos y apariciones

A Joseph Cornell

Exaedros de madera y de vidrio
apenas más grandes que una caja de zapatos.
En ellos caben la noche y sus lámparas.

Monumentos a cada momento
hechos con los desechos de cada momento:
jaulas de infinito.

Canicas, botones, dedales, dados,
alfileres, timbres, cuentas de vidrio:
cuentos del tiempo.

Memoria teje y destejo los ecos:
en las cuatro esquinas de la caja
juegan al aleleví damas sin sombra.

El fuego enterrado en el espejo,
el agua dormida en el ágata:
solos de Jenny Lind y Jenny Colon.

"Hay que hacer un cuadro," dijo Degas,
"como se comete un crimen." Pero tú construiste
cajas donde las cosas se aligeran de sus nombres.

Slot machine de visiones,
vaso de encuentro de las reminiscencias,
hotel de grillos y de constelaciones.

Fragmentos mínimos, incoherentes:
al revés de la Historia, creadora de ruinas,
tú hiciste con tus ruinas creaciones.

Teatro de los espíritus:
los objetos juegan al aro
con las leyes de la identidad.

Objects & apparitions

For Joseph Cornell

Hexahedrons of wood and glass,
scarcely bigger than a shoebox,
with room in them for night and all its lights.

Monuments to every moment,
refuse of every moment, used:
cages for infinity.

Marbles, buttons, thimbles, dice,
pins, stamps, and glass beads:
tales of the time.

Memory weaves, unweaves the echoes:
in the four corners of the box
shadowless ladies play at hide-and-seek.

Fire buried in the mirror,
water sleeping in the agate:
solos of Jenny Colonne and Jenny Lind.

"One has to commit a painting," said Degas,
"the way one commits a crime." But you constructed
boxes where things hurry away from their names.

Slot machine of visions,
condensation flask for conversations,
hotel of crickets and constellations.

Minimal, incoherent fragments:
the opposite of History, creator of ruins,
out of your ruins you have made creations.

Theatre of the spirits:
objects putting the laws
of identity through hoops.

Grand Hotel Couronne: en una redoma
el tres de tréboles y, toda ojos,
Almendrita en los jardines de un reflejo.

Un peine es un harpa
pulsada por la mirada de una niña
muda de nacimiento.

El reflector del ojo mental
disipa el espectáculo:
dios solitario sobre un mundo extinto.

Las apariciones son patentes.
Sus cuerpos pesan menos que la luz.
Duran lo que dura esta frase.

Joseph Cornell: en el interior de tus cajas
mis palabras se volvieron visibles un instante.

"Grand Hotel de la Couronne": in a vial,
the three of clubs and, very surprised,
Thumbelina in gardens of reflection.

A comb is a harp strummed by the glance
of a little girl
born dumb.

The reflector of the inner eye
scatters the spectacle:
God all alone above an extinct world.

The apparitions are manifest,
their bodies weigh less than light,
lasting as long as this phrase lasts.

Joseph Cornell: inside your boxes
my words became visible for a moment.

[E.B.]

Trowbridge Street

1

El sol dentro del día
                    El frío dentro del sol
Calles sin nadie
                    autos parados
Todavía no hay nieve
                    hay viento viento
Arde todavía
                    en el aire helado
un arbolito rojo
Hablo con él al hablar contigo

2

Estoy en un cuarto abandonado del lenguaje
Tú estás en otro cuarto idéntico
O los dos estamos
en una calle que tu mirada ha despoblado
El mundo
imperceptiblemente se deshace
                              Memoria
desmoronada bajo nuestros pasos
Estoy parado a la mitad de esta línea
no escrita

3

Las puertas se abren y cierran solas
                              El aire
entra y sale por nuestra casa
                              El aire
habla a solas al hablar contigo
                              El aire
sin nombre por el pasillo interminable

Trowbridge Street

Sun throughout the day
                    Cold throughout the sun
Nobody on the streets
                    parked cars
Still no snow
            but wind wind
A red tree
        still burns
in the chilled air
Talking to it I talk to you

2

I am in a room abandoned by language
You are in another identical room
Or we both are
on a street your glance has depopulated
The world
imperceptibly comes apart
                    Memory
decayed beneath our feet
I am stopped in the middle of this
unwritten line

3

Doors open and close by themselves
                        Air
enters and leaves our house
                    Air
talks to itself talking to you
                    Air
nameless in the endless corridor

No se sabe quién está del otro lado
                              El aire
da vueltas y vueltas por mi cráneo vacío
                              El aire
vuelve aire todo lo que toca
                    El aire
con dedos de aire disipa lo que digo
Soy aire que no miras
No puedo abrir tus ojos
                    No puedo cerrar la puerta
El aire se ha vuelto sólido

4

Esta hora tiene la forma de una pausa
La pausa tiene tu forma
Tú tienes la forma de una fuente
no de agua sino de tiempo
En lo alto del chorro de la fuente
saltan mis pedazos
el fui   el soy   el no soy todavía
Mi vida no pesa
                    El pasado se adelgaza
El futuro es un poco de agua en tus ojos

5

Ahora tienes la forma de un puente
Bajo tus arcos navega nuestro cuarto
Desde tu pretil nos vemos pasar
Ondeas en el viento más luz que cuerpo
En la otra orilla el sol crece
                    al revés
Sus raíces se entierran en el cielo
Podríamos ocultarnos en su follaje
Con sus ramas prendemos una hoguera
El día es habitable

Who knows who is on the other side?
                              Air
turns and turns in my empty skull
                              Air
turns to air everything it touches
                              Air
with air-fingers scatters everything I say
I am the air you don't see
I can't open your eyes
                              I can't close the door
The air has turned solid

4

This hour has the shape of a pause
This pause has your shape
You have the shape of a fountain made
not of water but of time
My pieces bob
at the jet's tip
what I was   am   still am not
My life is weightless
                              The past thins out
The future   a little water in your eyes

5

Now you have a bridge-shape
Our room navigates beneath your arches
From your railing we watch us pass
You ripple with wind   more light than body
The sun on the other bank
                              grows upside-down
Its roots buried deep in the sky
We could hide ourselves in its foliage
Build a bonfire with its branches
The day is habitable

6

El frío ha inmovilizado al mundo
El espacio es de vidrio
                El vidrio es de aire
Los ruidos más leves erigen
súbitas esculturas
El eco las multiplica y las dispersa
Tal vez va a nevar
Tiembla el árbol encendido
Ya está rodeado de noche
Al hablar con él hablo contigo

6

The cold has immobilized the world
Space is made of glass
                           Glass made of air
The lightest sounds build
quick sculptures
Echoes multiply and disperse them
Maybe it will snow
The burning tree quivers
surrounded now by night
Talking to it I talk to you

Petrificada petrificante

Terramuerta
            terrisombra nopaltorio temezquible
lodolsa cenipolva pedrósea
                        fuego petrificado
cuenca vaciada
            el sol no se bebió el lago
no lo sorbió la tierra
                el agua no regresó al aire
los hombres fueron los ejecutores del polvo
el viento
            se revuelca en la cama fría del fuego
el viento
            en la tumba del agua
recita las letanías de la sequía
                        el viento
cuchillo roto en el cráter apagado
                            el viento
susurro de salitre

                El sol
anicorazol centrotal caledadoro
                        se partió
la palabra que baja en lenguas de fuego
                            se quebró
el cuento y la cuenta de los años
el canto de los días
                fue lluvia de chatarra
pedregal de palabras
                    silabarios de arena
gritos machacados
                talómordaz afrenoboz alrronzal
caídos caínes neblinosos
                        abeles en jirones
sectarios sicarios

The petrifying petrified

Deadland
  Shadeadland cactideous nopalopolis
bonéstony dushty mockedmire
     empty socket
petrified fire
   the sun did not drink the lake
the earth did not absorb it
     the water did not vanish in the air
men were the executors of the dust
wind
 swirled in the cold bed of fire
wind
 chanted litanies of drought
in the tomb of water
    wind
broken knife in the worn crater
     wind
saltpeter whisper

   The sun
solaortasoul centrotal soldonage
    split
the word that came down in tongues of fire
      smashed
the account and the count of the years
the chant of the days
    was a rain of scrap iron
slagheap of words
    sand primers
crushed screams
    hoofmuz zlebridlehar nessbit
whining waning Cains
    Abels in rubble
partisan assassins

                   idólatras letrados
ladinos ladrones
                   ladridos del can tuerto
el guía de los muertos
                   perdido
en los giros del Ombligo de la Luna

Valle de México
                   boca opaca
lava de bava
                   desmoronado trono de la Ira
obstinada obsidiana
                   petrificada
petrificante
          Ira
                   torre hendida
talla larga como un aullido
                        pechos embadurnados
frente enfoscada
                   mocosangre verdeseca
                               Ira
fijeza clavada en una herida
                        iranavaja cuchimirada
sobre un país de espinas y de púas

                        Circo de montes
teatro de las nubes
                   mesa del mediodía
estera de la luna
                   jardín de planetas
tambor de la lluvia
                   balcón de las brisas
silla del sol
                   juego de pelota de las constelaciones
Imágenes reventadas
                   imágenes empaladas
salta la mano cortada
                   salta la lengua arrancada

                    pagan pedagogues
slick crooks
                    the woofs of the one-eyed dog
guide of the dead
                    lost
in the coils of the Navel of the Moon

Valley of Mexico
                    lips in eclipse
lava slobber
            Rage's rotten throne
obstinate obsidian
                    petrified
petrifying
            Rage
                    broken tower
tall as a scream
                    smeared breasts
tense brow
            greendry bloodsnot
                            Rage
nailed in a wound
                    ragerazor gazeblade
on a land of tines and spines

                    Circus of mountains
theater of clouds
                    table of noon
mat of the moon
                    garden of planets
drum of rain
            balcony of breezes
seat of the sun
                    ball-game of the constellations
Bursting images
                    impaled images
the lopped hand leaps
                    the uprooted tongue leaps

saltan los senos tronchados
                    la verga guillotinada
tristrás en el polvo tristrás
                    en el patio trasero
podan el árbol de sangre
                    el árbol inteligente

Polvo de imágenes disecadas
                    La Virgen
corona de culebras
                    El Desollado
El Flechado
            El Crucificado
El Colibrí
            chispa con alas
tizónflor
        La Llama
que habla con palabras de agua
                        La Señora
pechos de vino y vientre de pan
                            horno
donde arden los muertos y se cuecen los vivos
La Araña
            hija del aire
en su casa de aire
                    hila la luz
hila los días y los siglos
                    El Conejo
viento
        esculpido en el espejo de la luna

                    Imágenes enterradas
en el ojo del perro de los muertos
                            caídas
en el pozo cegado del origen
                        torbellinos de reflejos
en el teatro de piedra de la memoria
                            imágenes

the sliced breasts leap
                         the guillotined penis
over and over in the dust over and over
                                        in the courtyard
they trim the tree of blood
                            the intelligent tree

The dust of stuffed images
                           The Virgin
crown of snakes
                The Flayed
The Felled-by-Arrows
                     The Crucified
The Hummingbird
                winged spark
flowerbrand
           The Flame
who speaks with words of water
                               Our Lady
breasts of wine and belly of bread
                                   oven
where the dead burn and the living bake
The Spider
          daughter of air
in her house of air
                    spins light
spins centuries and days
                         The Rabbit
wind
     carved in the mirror of the moon

                              Images buried
in the eye of the dog of the dead
                                  fallen
in the overgrown well of origins
                                 whirlwinds of reflections
in the stone theater of memory
                               images

girantes en el circo del ojo vaciado
                              ideas
rojas verdes pardas
                    enjambre de moscas
las ideas se comieron a los dioses
                              los dioses
se volvieron ideas
                    grandes vejigas de bilis
las vejigas reventaron
                        los ídolos estallaron
pudrición de dioses
                    fue muladar el sagrario
el muladar fue criadero
                        brotaron ideas armadas
idearios ideodioses
                    silogismos afilados
caníbales endiosados
                        ideas estúpidas como dioses
perras rabiosas
                    perras enamoradas de su vómito

Hemos desenterrado a la Ira
El anfiteatro del sol genital es un muladar
La fuente del agua lunar es un muladar
El parque de los enamorados es un muladar
La biblioteca es una madriguera de ratas feroces
La universidad es el charco de las ranas
El altar es la tramoya de Chanfalla
Los cerebros están manchados de tinta
Los doctores discuten en la ladronera
Los hombres de negocios
manos rápidas pensamientos lentos
ofician en el santuario
Los dialécticos exaltan la sutileza de la soga
Los casuistas hisopean a los sayones
Amamantan a la violencia con leche dogmática
La idea fija se emborracha con el contra
El ideólogo cubiletero
                        afilador de sofismas

98

whirling in the circus of the empty eye
                                    ideas
of red brown green
                    swarms of flies
ideas ate the deities
                    deities
became ideas
                great bladders full of bile
the bladders burst
                the idols exploded
putrefaction of the deities
                            the sanctuary was a dungheap
the dungheap a nursery
                        armed ideas sprouted
idcolized ideodeities
                    sharpened syllogisms
cannibal deities
                ideas idotic as deities
rabid dogs
            dogs in love with their own vomit

We have dug up Rage
The amphitheater of the genital sun is a dungheap
The fountain of lunar water is a dungheap
The lovers' park is a dungheap
The library is a nest of killer rats
The university is a muck full of frogs
The altar is Chanfalla's swindle
The brains are stained with ink
The doctors dispute in a den of thieves
The businessmen
fast hands   slow thoughts
officiate in the graveyard
The dialecticians exalt the subtlety of the rope
The casuists sprinkle thugs with holy water
nursing violence with dogmatic milk
The idée fixe gets drunk with its opposite
The juggling ideologist
                        sharpener of sophisms

en su casa de citas truncadas
trama edenes para eunucos aplicados
bosque de patíbulos   paraíso de jaulas
                    Imágenes manchadas
                escupieron sobre el origen
carceleros del futuro   sanguijuelas del presente
        afrentaron el cuerpo vivo del tiempo
            Hemos desenterrado a la Ira

Sobre el pecho de México
                            tablas escritas por el sol
escalera de los siglos
                        terraza espiral del viento
baila la desenterrada
                    jadeo sed rabia
pelea de ciegos bajo el mediodía
                            rabia sed jadeo
se golpean con piedras
                    los ciegos se golpean
se rompen los hombres
                        las piedras se rompen
adentro hay un agua que bebemos
                            agua que amarga
agua que alarga más la sed

                    ¿Dónde está el agua otra?

in his house of truncated quotations and assignations
plots Edens for industrious eunuchs
forest of gallows   paradise of cages
                Stained images
              spit on the origins
        future jailers   present leeches
          affront the living body of time
              We have dug up Rage

On the chest of Mexico
                            tablets written by the sun
stairway of the centuries
                            spiral terrace of wind
the disinterred dances
                        anger panting thirst
the blind in combat beneath the noon sun
                                    thirst panting anger
beating each other with rocks
                            the blind are beating each other
the men are crushing
                        the stones are crushing
within there is a water we drink
                            bitter water
water whetting thirst

                Where is the other water?

Nocturno de San Ildefonso

Inventa la noche en mi ventana
                              otra noche,
otro espacio:
              fiesta convulsa
en un metro cuadrado de negrura.
                              Momentáneas
confederaciones de fuego,
                              nómadas geometrías,
números errantes.
              Del amarillo al verde al rojo
se desovilla la espiral.
              Ventana:
lámina imantada de llamadas y respuestas,
caligrafía de alto voltaje,
mentido cielo/infierno de la industria
sobre la piel cambiante del instante.

Signos-semillas:
              la noche los dispara,
suben,
              estallan allá arriba,
                              se precipitan,
ya quemados,
              en un cono de sombra,
                              reaparecen,
lumbres divagantes,
              racimos de sílabas,
incendios giratorios,
              se dispersan,
                              otra vez añicos.
La ciudad los inventa y los anula.

Estoy a la entrada de un túnel.
Estas frases perforan el tiempo.
Tal vez yo soy ese que espera al final del túnel.

San Ildefonso nocturne

In my window night
                    invents another night,
another space:
                    carnival convulsed
in a square yard of blackness.
                                        Momentary
confederations of fire,
                    nomadic geometries,
errant numbers.
                    From yellow to green to red,
the spiral unwinds.
                    Window:
magnetic plate of calls and answers,
high-voltage calligraphy,
false heaven/hell of industry
on the changing skin of the moment.

Sign-seeds:
                    the night shoots them off,
they rise,
          bursting above,
                              fall
still burning
          in a cone of shadow,
                                        reappear,
rambling sparks,
                    syllable-clusters,
spinning flames
          that scatter,
                              smithereens once more.
The city invents and erases them.

I am at the entrance to a tunnel.
These phrases puncture time.
Perhaps I am that which waits at the end of the tunnel.

Hablo con los ojos cerrados.
                              Alguien
ha plantado en mis párpados
un bosque de agujas magnéticas,
                              alguien
guía la hilera de estas palabras.
                              La página
se ha vuelto un hormiguero.
                              El vacío
se estableció en la boca de mi estómago.
                              Caigo
interminablemente sobre ese vacío.
                              Caigo sin caer.
Tengo las manos frías,
                    los pies fríos
—pero los alfabetos arden, arden.
                              El espacio
se hace y se deshace.
                         La noche insiste,
la noche palpa mi frente,
                         palpa mis pensamientos.
¿Qué quiere?

2

Calles vacías, luces tuertas.
                         En una esquina,
el espectro de un perro.
                         Busca, en la basura,
un hueso fantasma.
                    Gallera alborotada:
patio de vecindad y su mitote.
                         México, hacia 1931.
Gorriones callejeros,
                    una bandada de niños
con los periódicos que no vendieron
                              hace un nido.
Los faroles inventan,
                    en la soledumbre,

I speak with eyes closed.
                    Someone
has planted
          a forest of magnetic needles
          in my eyelids,
                    someone
guides the thread of these words.
                         The page
has become an ants' nest.
                    The void
has settled at the mouth of my stomach.
                              I fall
endlessly through that void.
                         I fall without falling.
My hands are cold,
               my feet cold,
—but the alphabets are burning, burning.
                                   Space
constructs and deconstructs itself.
                         The night insists,
the night touches my forehead,
                         touches my thoughts.
What does it want?

2

Empty streets, squinting lights.
                         On a corner,
the ghost of a dog
                    searches the garbage
for a spectral bone.
                    Uproar in a nearby patio:
cacaphanous cockpit.
                    Mexico, circa 1931.
Loitering sparrows,
               a flock of children
builds a nest
          of unsold newspapers.
In the desolation
               the streetlights invent

charcos irreales de luz amarillenta.
                                        Apariciones,
el tiempo se abre:
                        un taconeo lúgubre, lascivo:
bajo un *cielo de hollín*
                        la llamarada de una falda.
C'est la mort—ou la morte . . .
                                El viento indiferente
arranca en las paredes anuncios lacerados.

A esta hora
                los muros rojos de San Ildefonso
son negros y respiran:
                        sol hecho tiempo,
tiempo hecho piedra,
                        piedra hecha cuerpo.
Estas calles fueron canales.
                                Al sol,
las casas eran plata:
                        ciudad de cal y canto,
luna caída en el lago.
                                Los criollos levantaron,
sobre el canal cegado y el ídolo enterrado,
otra ciudad
                —no blanca: rosa y oro—
idea vuelta espacio, número tangible.
                                        La asentaron
en el cruce de las ocho direcciones,
                                        sus puertas
a lo invisible abiertas:
                        el cielo y el infierno.

Barrio dormido.
                        Andamos por galerías de ecos,
entre imágenes rotas:
                        nuestra historia.
Callada nación de las piedras.
                                Iglesias,
vegetación de cúpulas,

unreal pools of yellowish light.
                              Apparitions:
time splits open:
                    a lugubrious, lascivious clatter of heels,
beneath *a sky of soot*
                    the flash of a skirt.
C'est la mort—ou la morte . . .
                              The indifferent wind
pulls torn posters from the walls.

At this hour,
              the red walls of San Ildefonso
are black, and they breathe:
                              sun turned to time,
time turned to stone,
                        stone turned to body.
These streets were once canals.
                              In the sun,
the houses were silver:
                        city of mortar and stone,
moon fallen in the lake.
                        Over the filled canals
and the buried idols
                  the Creoles erected
another city
            —not white, but red and gold—
idea turned to space, tangible number.
                                    They placed it
at the crossroads of eight directions,
                                    its doors
open to the invisible:
                        heaven and hell.

Sleeping district.
              We walk through galleries of echoes,
past broken images:
                    our history.
Hushed nation of stones.
                        Churches,
dome-growths,

                    sus fachadas
petrificados jardines de símbolos.
                              Embarrancados
en la proliferación rencorosa de casas enanas,
palacios humillados,
                    fuentes sin agua,
afrentados frontispicios.
                    Cúmulos,
madréporas insubstanciales:
                              se acumulan
sobre las graves moles,
                              vencidas
no por la pesadumbre de los años,
por el oprobio del presente.

                              Plaza del Zócalo,
vasta como firmamento:
                    espacio diáfano,
frontón de ecos.
                    Allí inventamos,
entre Aliocha K. y Julián S.,
                              sinos de relámpago
cara al siglo y sus camarillas.
                              Nos arrastra
el viento del pensamiento,
                    el viento verbal,
el viento que juega con espejos,
                              señor de reflejos,
constructor de ciudades de aire,
                              geometrías
suspendidas del hilo de la razón.

                              Gusanos gigantes:
amarillos tranvías apagados.
                    Eses y zetas:
un auto loco, insecto de ojos malignos.
                              Ideas,
frutos al alcance de la mano.
                    Frutos: astros.

                    their facades
petrified gardens of symbols.
                              Shipwrecked
in the spiteful proliferation of dwarf houses:
humiliated palaces,
                    fountains without water,
affronted frontispieces.
                         Cumuli,
insubstantial madrepore,
                         accumulate
over the ponderous bulks,
                         conquered
not by the weight of the years
but by the infamy of the present.

                         Zócalo Plaza,
vast as the earth:
                    diaphanous space,
court of echoes.
                There,
between Alyosha K and Julien S,
                              we devised bolts of lightning
against the century and its cliques.
                              The wind of thought
carried us away,
                    the verbal wind,
the wind that plays with mirrors,
                              master of reflections,
builder of cities of air,
                         geometries
hung from the thread of reason.

Shut down for the night,
                         the yellow trolleys,
giant worms:
            S's and Z's:
a crazed auto, insect with malicious eyes.
                                        Ideas,
fruits within an arm's reach,
                         like stars,

Arden.

Arde, árbol de pólvora,
el diálogo adolescente,
súbito armazón chamuscado.
12 veces
golpea el puño de bronce de las torres.
La noche
estalla en pedazos,
los junta luego y a sí misma,
intacta, se une.
Nos dispersamos,
no allá en la plaza con sus trenes quemados,
aquí,
sobre esta página: letras petrificadas.

3

El muchacho que camina por este poema,
entre San Ildefonso y el Zócalo,
es el hombre que lo escribe:
esta página
también es una caminata nocturna.
Aquí encarnan
los espectros amigos,
las ideas se disipan.

El bien, quisimos el bien:
enderezar al mundo.
No nos faltó entereza:
nos faltó humildad.
Lo que quisimos no lo quisimos con inocencia.
Preceptos y conceptos,
soberbia de teólogos:
golpear con la cruz,
fundar con sangre,
levantar la casa con ladrillos de crimen,
decretar la comunión obligatoria.
Algunos

burning.
The girandola is burning,
                    the adolescent dialogue,
the scorched hasty frame.
                    The bronze fist
of the towers beats
                    12 times.
                    Night
bursts into pieces,
                    gathers them by itself,
and becomes one, intact.
                    We disperse,
not there in the plaza with its dead trains,
                                        but here,
on this page: petrified letters.

3

The boy who walks through this poem,
between San Ildefonso and the Zócalo,
is the man who writes it:
                    this page too
is a ramble through the night.
                              Here the friendly ghosts
become flesh,
              ideas dissolve.

Good, we wanted good:
                    to set the world right.
We didn't lack integrity:
                    we lacked humility.
What we wanted was not innocently wanted.
Precepts and concepts,
                    the arrogance of theologians,
to beat with a cross,
                    to institute with blood,
to build the house with bricks of crime,
to declare obligatory communion.
                    Some

se convirtieron en secretarios de los secretarios
del Secretario General del Infierno.
                                        La rabia
se volvió filosofía,
                    su baba ha cubierto al planeta.
La razón descendió a la tierra,
tomó la forma del patíbulo
                              —y la adoran millones.
Enredo circular:
                    todos hemos sido,
en el Gran Teatro del Inmundo,
jueces, verdugos, víctimas, testigos,
                                        todos
hemos levantado falso testimonio
                              contra los otros
y contra nosotros mismos.
                        Y lo más vil: fuimos
el público que aplaude o bosteza en su butaca.
La culpa que no se sabe culpa,
                        la inocencia,
fue la culpa mayor.
                    Cada año fue monte de huesos.

Conversiones, retractaciones, excomuniones,
reconciliaciones, apostasías, abjuraciones,
zig-zag de las demonolatrías y las androlatrías,
los embrujamientos y las desviaciones:
mi historia,
            ¿ son las historias de un error?
La historia es el error.
                        La verdad es aquello,
más allá de las fechas,
                        más acá de los nombres,
que la historia desdeña:
                        el cada día
—latido anónimo de todos,
                            latido
único de cada uno—,
                        el irrepetible
cada día idéntico a todos los días.

became secretaries to the secretary
to the General Secretary of the Inferno.
                                  Rage
became philosophy,
                  its drivel has covered the planet.
Reason came down to earth,
took the form of a gallows
                        —and is worshiped by millions.
Circular plot:
                  we have all been,
in the Great Flayhouse of the World,
judge, executioner, victim, witness,
                              we have all
given false testimony
                    against the others
and against ourselves.
                        And the vilest: we
were the public that applauded or yawned in its seats.
The guilt that knows no guilt,
                              innocence
was the greatest guilt.
                        Each year was a mountain of bones.

Conversions, retractions, excommunications,
reconciliations, apostasies, recantations,
the zig-zag of the demonolotries and the androlotries,
bewitchments and aberrations:
my history.
                  Are they the histories of an error?
History is the error.
                    Further than dates,
closer than names,
                    truth is that
which history scorns:
                        the everyday
—everyone's anonymous heartbeat,
                                  the unique
beat of every one—
                        the unrepeatable
everyday, identical to all days.

                        La verdad
es el fondo del tiempo sin historia.
                                    El peso
del instante que no pesa:
                            unas piedras con sol,
vistas hace ya mucho y que hoy regresan,
piedras de tiempo que son también de piedra
bajo este sol de tiempo,
sol que viene de un día sin fecha,
                                    sol
que ilumina estas palabras,
                            sol de palabras
que se apaga al nombrarlas.
                                Arden y se apagan
soles, palabras, piedras:
                            el instante los quema
sin quemarse.
                Oculto, inmóvil, intocable,
el presente—no sus presencias—está siempre.

Entre el hacer y el ver,
                            acción o contemplación,
escogí el acto de palabras:
                                hacerlas, habitarlas,
dar ojos al lenguaje.
                        La poesía no es la verdad:
es la resurrección de las presencias,
                                        la historia
transfigurada en la verdad del tiempo no fechado.
La poesía,
            como la historia, se hace;
                                    la poesía,
como la verdad, se ve.
                    La poesía:
                                encarnación
del sol-sobre-las-piedras en un nombre,
                                        disolución
del nombre en un más allá de las piedras.

                    Truth
is the base of time without history.
                              The weight
of the weightless moment:
                              a few stones in the sun
seen long ago,
                    today return,
stones of time that are also stone
beneath this sun of time,
sun that comes from a dateless day,
                                        sun
that lights up these words,
                              sun of words
that burn out when they are named.
                                   Suns, words, stones,
burn and burn out:
                         the moment burns them
without burning.
                    Hidden, immobile, untouchable,
the present—not its presences—is always.

Between seeing and making,
                              contemplation or action,
I chose the act of words:
                              to make them, to inhabit them,
to give eyes to the language.
                              Poetry is not truth:
it is the resurrection of presences,
                              history
transfigured in the truth of undated time.
Poetry,
         like history, is made;
                              poetry,
like truth, is seen.
                    Poetry:
                         incarnation
of the-sun-on-the-stones in a name,
                                   dissolution
of the name in a beyond of stones.

La poesía,
            puente colgante entre historia y verdad,
no es camino hacia esto o aquello:
                                    es ver
la quietud en el movimiento,
                        el tránsito
en la quietud.
            La historia es el camino:
no va a ninguna parte,
                        todos lo caminamos,
la verdad es caminarlo.
                        No vamos ni venimos:
estamos en las manos del tiempo.
                            La verdad:
sabernos,
            desde el origen,
                        suspendidos.
Fraternidad sobre el vacío.

4

Las ideas se disipan,
                        quedan los espectros:
verdad de lo vivido y padecido.
Queda un sabor casi vacío:
                            el tiempo
—furor compartido—
                        el tiempo
—olvido compartido—
                        al fin transfigurado
en la memoria y sus encarnaciones.
                            Queda
el tiempo hecho cuerpo repartido: lenguaje.

En la ventana,
                simulacro guerrero,
                                se enciende y apaga
el cielo comercial de los anuncios.
                            Atrás,

Poetry,
            suspension bridge between history and truth,
is not a path toward this or that:
                                    it is to see
the stillness in motion,
                            change
in stillness.
            History is the path:
it goes nowhere,
                    we all walk it,
truth is to walk it.
                    We neither go nor come:
we are in the hands of time.
                            Truth:
to know ourselves,
                    from the beginning,
                                        hung.
Brotherhood over the void.

4

Ideas scatter,
                the ghosts remain:
truth of the lived and suffered.
An almost empty taste remains:
                                    time
—shared fury—
                    time
—shared oblivion—
                        in the end transfigured
in memory and its incarnations.
                            What remains is
time as portioned body: language.

In the window,
                battle simulacrum:
the commercial sky of advertisements
                                    flares up, goes out.
Behind,

apenas visibles,
                    las constelaciones verdaderas.
Aparece,
          entre tinacos, antenas, azoteas,
columna líquida,
                    más mental que corpórea,
cascada de silencio:
                    la luna.
                              Ni fantasma ni idea:
fue diosa y es hoy claridad errante.
Mi mujer está dormida.
                         También es luna,
claridad que transcurre
                         —no entre escollos de nubes,
entre las peñas y las penas de los sueños:
también es alma.
                    Fluye bajo sus ojos cerrados,
desde su frente se despeña,
                         torrente silencioso,
hasta sus pies,
               en sí misma se desploma
y de sí misma brota,
                      sus latidos la esculpen,
se inventa al recorrerse,
                         se copia al inventarse,
entre las islas de sus pechos
                         es un brazo de mar,
su vientre es la laguna
                    donde se desvanecen
la sombra y sus vegetaciones,
                         fluye por su talle,
sube,
     desciende,
               en sí misma se esparce,
                              se ata
a su fluir,
          se dispersa en su forma:
también es cuerpo.
               La verdad
es el oleaje de una respiración

                barely visible,
                        the true constellations.
Among the water towers, antennas, rooftops,
a liquid column,
                        more mental than corporeal,
a waterfall of silence:
                        the moon.
                                Neither phantom nor idea:
once a goddess,
                        today an errant clarity.
My wife sleeps.
                        She too is a moon,
a clarity that travels
                        not between the reefs of the clouds,
but between the rocks and wracks of dreams:
she too is a soul.
                        She flows below her closed eyes,
a silent torrent
                        rushing down
from her forehead to her feet,
                                she tumbles within,
bursts out from within,
                        her heartbeats sculpt her,
traveling through herself
                        she invents herself,
inventing herself
                        she copies it,
she is an arm of the sea
                        between the islands of her breasts,
her belly a lagoon
                        where darkness and its foliage
grow pale,
            she flows through her shape,
rises,
        falls,
                scatters in herself,
                                ties
herself to her flowing,
                        disperses in her form:
she too is a body.

y las visiones que miran unos ojos cerrados:
palpable misterio de la persona.

La noche está a punto de desbordarse.
                                        Clarea.
El horizonte se ha vuelto acuático.
                                  Despeñarse
desde la altura de esta hora:
                              ¿morir
será caer o subir,
                una sensación o una cesación?
Cierro los ojos,
                oigo en mi cráneo
los pasos de mi sangre,
                          oigo
pasar el tiempo por mis sienes.
                            Todavía estoy vivo.
El cuarto se ha enarenado de luna.
                                  Mujer:
fuente en la noche.
                    Yo me fío a su fluir sosegado.

                    Truth
is the swell of a breath
and the visions closed eyes see:
the palpable mystery of the person.

The night is at the point of running over.
                                        It grows light.
The horizon has become aquatic.
                            To rush down
from the heights of this hour:
                        will dying
be a falling or a rising,
                    a sensation or a cessation?
I close my eyes,
                I hear in my skull
the footsteps of my blood,
                        I hear
time pass through my temples.
                            I am still alive.
The room is covered with moon.
                            Woman:
fountain in the night.
                    I am bound to her quiet flowing.

Pasado en claro

Fair seed-time had my soul, and I grew up
Foster'd alike by beauty and by fear . . .
W. W. *The Prelude* (I, 265–266)

Oídos con el alma,
pasos mentales más que sombras,
sombras del pensamiento más que pasos,
por el camino de ecos
que la memoria inventa y borra:
sin caminar caminan
sobre este ahora, puente
tendido entre una letra y otra.
Como llovizna sobre brasas
dentro de mí los pasos pasan
hacia lugares que se vuelven aire.
Nombres: en una pausa
desaparecen, entre dos palabras.
El sol camina sobre los escombros
de lo que digo, el sol arrasa los parajes
confusamente apenas
amaneciendo en esta página,
el sol abre mi frente,
                              balcón al voladero
dentro de mí.

       Me alejo de mí mismo,
sigo los titubeos de esta frase,
senda de piedras y de cabras.
Relumbran las palabras en la sombra.
Y la negra marea de las sílabas
cubre el papel y entierra
sus raíces de tinta
en el subsuelo del lenguaje.
Desde mi frente salgo a un mediodía
del tamaño del tiempo.
El asalto de siglos del baniano

A draft of shadows

Fair seed-time had my soul, and I grew up
Foster'd alike by beauty and by fear . . .
W. W. *The Prelude* (I, 265–266)

Heard by the soul, footsteps
in the mind more than shadows,
shadows of thought more than footsteps
through the path of echoes
that memory invents and erases:
without walking they walk
over this present, bridge
slung from one letter to the next.
Like drizzle on embers,
footsteps within me step
toward places that turn to air.
Names: they vanish
in a pause between two words.
The sun walks through the rubble
of what I'm saying; the sun
razes the places as they dawn,
hesitantly, on this page;
the sun opens my forehead,
                        balcony
perched within me.

                   I drift away from myself,
following this meandering phrase,
this path of rocks and goats.
Words glitter in the shadows,
and the black tide of syllables
covers the page, sinking
its ink roots
in the subsoil of language.
From my forehead I set out
toward a noon the size of time.
A banyan's centuries of assault

contra la vertical paciencia de la tapia
es menos largo que esta momentánea
bifurcación del pensamiento
entre lo presentido y lo sentido.
Ni allá ni aquí: por esa linde
de duda, transitada
sólo por espejeos y vislumbres,
donde el lenguaje se desdice,
voy al encuentro de mí mismo.
La hora es bola de cristal.
Entro en un patio abandonado:
aparición de un fresno.
Verdes exclamaciones
del viento entre las ramas.
Del otro lado está el vacío.
Patio inconcluso, amenazado
por la escritura y sus incertidumbres.
Ando entre las imágenes de un ojo
desmemoriado. Soy una de sus imágenes.
El fresno, sinuosa llama líquida,
es un rumor que se levanta
hasta volverse torre hablante.
Jardín ya matorral: su fiebre inventa bichos
que luego copian las mitologías.
Adobes, cal y tiempo:
entre ser y no ser los pardos muros.
Infinitesimales prodigios en sus grietas:
el hongo duende, vegetal Mitrídates,
la lagartija y sus exhalaciones.
Estoy dentro del ojo: el pozo
donde desde el principio un niño
está cayendo, el pozo donde cuento
lo que tardo en caer desde el principio,
el pozo de la cuenta de mi cuento
por donde sube el agua y baja
mi sombra.

on the vertical patience of a wall
last less than this brief
bifurcation of thought:
the seen and the foreseen.
Neither here not there,
through that frontier of doubt,
crossed only by glimmers and mirages,
where language recants,
I travel toward myself.
The hour is a crystal ball.
I enter an abandoned patio:
apparition of an ash tree.
Green exclamations,
wind in the branches.
On the other side, the void.
Inconclusive patio, threatened
by writing and its uncertainties.
I walk among the images
of an eye that has lost its memory.
I am one of its images.
The ash tree, sinuous liquid flame,
is a murmur rising
till it becomes a speaking tower.
Garden turned to scrub:
its fever invents creatures
the mythologies later copy.
Adobe, lime and time:
the dark walls that are and are not.
Infinitesimal wonders in their cracks:
the phantom mushroom, vegetable Mithridates,
the newt and its fiery breath.
I am inside the eye: the well where,
from the beginning, a boy is falling,
the well where I recount the time
spent falling from the beginning,
the well of the account of my account,
where the water rises
and my shadow falls.

El patio, el muro, el fresno, el pozo
en una claridad en forma de laguna
se desvanecen. Crece en sus orillas
una vegetación de transparencias.
Rima feliz de montes y edificios,
se desdobla el paisaje en el abstracto
espejo de la arquitectura.
Apenas dibujada,
suerte de coma horizontal (⌣)
entre el cielo y la tierra,
una piragua solitaria.
Las olas hablan nahua.
Cruza un signo volante las alturas.
Tal vez es una fecha, conjunción de destinos:
el haz de cañas, prefiguracion del brasero.
El pedernal, la cruz, esas llaves de sangre
¿alguna vez abrieron las puertas de la muerte?
La luz poniente se demora,
alza sobre la alfombra simétricos incendios,
vuelve llama quimérica
este volumen lacre que hojeo
(estampas: los volcanes, los cúes y, tendido,
manto de plumas sobre el agua,
Tenochtitlán todo empapado en sangre).
Los libros del estante son ya brasas
que el sol atiza con sus manos rojas.
Se rebela mi lápiz a seguir el dictado.
En la escritura que la nombra
se eclipsa la laguna.
Doblo la hoja. Cuchicheos:
me espían entre los follajes
de las letras.

Un charco es mi memoria.
Lodoso espejo: ¿dónde estuve?
Sin piedad y sin cólera mis ojos
me miran a los ojos
desde las aguas turbias de ese charco

Patio, wall, ash tree, well,
dissolve into a clarity in the form of a lake.
A foliage of transparency
grows on its shore. Fortunate
rhyme of peaks and pyramids,
the landscape unfolds
in the abstract mirror of the architecture.
Scarcely drawn,
a kind of horizontal comma (‿)
between the earth and sky:
a solitary canoe.
The waves speak Nahuatl.
A sign flies across the heights.
Perhaps it is a date, conjunction of destinies:
bundle of reeds, the omen of the pyre.
The flint and the cross, keys of blood:
have they ever opened the doors of death?
The western light lingers,
raising symmetrical fires
across the rug, changing
this scarlet book I skim
(engravings: volcanoes, temples,
and the feathered cloak stretched over the water:
Tenochtitlan soaked in blood)
into a chimerical flame.
The books on the shelf now are embers
the sun stirs with its red hands.
My pencil rebels against dictation.
The lake is eclipsed
by the writing that names it.
I fold the page. Whispers:
they are watching me
from the foliage of the letters.

My memory: a puddle.
A muddy mirror: where was I?
My eyes, without anger or pity,
look me in the eye
from the troubled waters

que convocan ahora mis palabras.
No veo con los ojos: las palabras
son mis ojos. Vivimos entre nombres;
lo que no tiene nombre todavía
no existe: *Adán de lodo,*
no un muñeco de barro, una metáfora.
Ver al mundo es deletrearlo.
Espejo de palabras: ¿dónde estuve?
Mis palabras me miran desde el charco
de mi memoria. Brillan,
entre enramadas de reflejos,
nubes varadas y burbujas,
sobre un fondo del ocre al brasilado,
las sílabas de agua.
Ondulación de sombras, visos, ecos,
no escritura de signos: de rumores.
Mis ojos tienen sed. El charco es senequista:
el agua, aunque potable, no se bebe: se lee.
Al sol del altiplano se evaporan los charcos.
Queda un polvo desleal
y unos cuantos vestigios intestados.
¿Donde estuve?

            Yo estoy en donde estuve:
entre los muros indecisos
del mismo patio de palabras.
Abderramán, Pompeyo, Xicoténcatl,
batallas en el Oxus o en la barda
con Ernesto y Guillermo. Las mil hojas,
verdinegra escultura del murmullo,
jaula del sol y la centella
breve del chupamirto: la higuera primordial,
capilla vegetal de rituales
polimorfos, diversos y perversos.
Revelaciones y abominaciones:
el cuerpo y sus lenguajes
entretejidos, nudo de fantasmas
palpados por el pensamiento
y por el tacto disipados,

of the puddle my words evoke.
I don't see with my eyes: words
are my eyes. We live among names;
that which has no name
still does not exist:
Adam of mud,
not a clay doll: a metaphor.
To see the world is to spell it.
Mirror of words: where was I?
My words watch me from the puddle
of my memory. Syllables of water
shine in a grove of reflections,
stranded clouds, bubbles above a bottom
that changes from gold to rust.
Rippling shadows, flashes, echoes,
the writing not of signs, but of murmurs.
My eyes are thirsty. The puddle is Stoic:
the water is for reading, not drinking.
In the sun of the high plains the puddles evaporate.
Only some faithless dust remains,
and a few intestate relics.
Where was I?

          I am where I was:
within the indecisive walls
of that same patio of words.
Abd al-Rahman, Pompeii, Xicontencatl,
battles on the Oxus or on top of the wall
with Ernesto and Guillermo. Thousands of leaves,
dark green sculpture of whispers,
cage of the sun and the hummingbird's flash:
the primordial fig tree,
leafy chapel of polymorphous,
diverse and perverse rituals.
Revelations and abominations:
the body and its interwoven languages,
knot of phantoms touched by thought
and dissolved with a touch,

argolla de la sangre, idea fija
en mi frente clavada.
El deseo es señor de espectros,
el deseo nos vuelve espectros:
somos enredaderas de aire
en árboles de viento,
manto de llamas inventado
y devorado por la llama.
La hendedura del tronco:
sexo, sello, pasaje serpentino
cerrado al sol y a mis miradas,
abierto a las hormigas.

La hendedura fué pórtico
del más allá de lo mirado y lo pensado:
allá dentro son verdes las mareas,
la sangre es verde, el fuego verde,
entre las yerbas negras arden estrellas verdes:
es la música verde de los élitros
en la prístina noche de la higuera;
—allá dentro son ojos las yemas de los dedos,
el tacto mira, palpan las miradas,
los ojos oyen los olores;
—allá dentro es afuera,
es todas partes y es ninguna parte,
las cosas son las mismas y son otras,
encarcelado en un icosaedro
hay un insecto tejedor de música
y hay otro insecto que desteje
los silogismos que la araña teje
colgada de los hilos de la luna;
—allá dentro el espacio
es una mano abierta y una frente
que no piensa ideas sino formas
que respiran, caminan, hablan, cambian
y silenciosamente se evaporan;
—allá dentro país de entretejidos ecos,
se despeña la luz, lenta cascada,
entre los labios de las grietas:

pillory of blood, idée fixe
nailed to my forehead.
Desire is the master of ghosts,
desire turns us into ghosts.
We are vines of air on trees of wind,
a cape of flames
invented and devoured by flame.
The crack in the tree trunk:
sex, seal, serpentine passage
closed to the sun and to my eyes,
open to the ants.

That crack was the portico
of the furthest reaches of the seen and thought:
—there, inside, tides are green,
blood is green, fire green,
green stars burn in the black grass:
the green music of elytra
in the fig tree's pristine night;
—there, inside, fingertips are eyes,
to touch is to see, glances touch,
eyes hear smells;
—there, inside is outside,
it is everywhere and nowhere,
things are themselves and others,
imprisoned in an icosahedron
there is a music weaver beetle
and another insect unweaving
the syllogisms the spider weaves,
hanging from the threads of the moon;
—there, inside, space
is an open hand, a mind
that thinks shapes, not ideas,
shapes that breathe, walk, speak, transform
and silently evaporate;
—there, inside, land of woven echoes,
a slow cascade of light drops
between the lips of the crannies:

la luz es agua, el agua tiempo diáfano
donde los ojos lavan sus imágenes;
—allá dentro los cables del deseo
finjen eternidades de un segundo
que la mental corriente eléctrica
enciende, apaga, enciende,
resurrecciones llameantes
del alfabeto calcinado;
—no hay escuela allá dentro,
siempre es el mismo día, la misma noche siempre,
no han inventado el tiempo todavía,
no ha envejecido el sol,
esta nieve es idéntica a la yerba,
siempre y nunca es lo mismo,
nunca ha llovido y llueve siempre,
todo está siendo y nunca ha sido,
pueblo sin nombre de las sensaciones,
nombres que buscan cuerpo,
impías transparencias,
jaulas de claridad donde se anulan
la identidad entre sus semejanzas,
la diferencia en sus contradicciones.
La higuera, sus falacias y su sabiduría:
prodigios de la tierra
—fidedignos, puntuales, redundantes—
y la conversación con los espectros.
Aprendizajes con la higuera:
hablar con vivos y con muertos.
También conmigo mismo.

La procesión del año:
cambios que son repeticiones.
El paso de las horas y su peso.
La madrugada: más que luz, vaho
de claridad cambiada en gotas grávidas
sobre los vidrios y las hojas:
el mundo se atenúa
en esas oscilantes geometrías
hasta volverse el filo de un reflejo.

light is water; water, diaphanous time
where eyes wash their images;
—there, inside, cables of desire
mimic the eternities of a second
the mind's electric current
turns on, turns off, turns on,
flaming resurrections
of a charred alphabet;
—there is no school there, inside,
it is always the same day, the same night always,
time has not yet been invented,
the sun has not grown old,
this snow is the same as grass,
always and never the same,
it has never rained, it always rains,
everything is being, and has never been,
a nameless people of sensations,
names that search for a body,
pitiless transparencies, cages of clarity
where identity cancels itself in its likenesses,
difference in its contradictions.
The fig tree, its lies and its wisdom:
wonders of the earth
—trustworthy, punctual, redundant—
and the conversations with ghosts.
An apprenticeship with the fig tree:
talking with the living and the dead.
And with myself.

          The year's procession:
changes that are repetitions.
The way and the weight of time.
Dawn: more than light,
a vapor of clarity
changed into gravid drops
on the windowpanes and on the leaves:
the world grows thin in these vibrating geometries
until it becomes the edge of a reflection.

Brota el día, prorrumpe entre las hojas,
gira sobre si mismo
y de la vacuidad en que se precipita
surge, otra vez corpóreo.
El tiempo es luz filtrada.
Revienta el fruto negro
en encarnada florescencia,
la rota rama escurre savia lechosa y acre.
Metamorfosis de la higuera:
si el otoño la quema, su luz la transfigura.
Por los espacios diáfanos
se eleva descarnada virgen negra.
El cielo es giratorio lapizlázuli:
viran *au ralenti* sus continentes,
insubstanciales geografías.
Llamas entre las nieves de las nubes.
La tarde más y más de miel quemada.
Derrumbe silencioso de horizontes:
la luz se precipita de las cumbres,
la sombra se derrama por el llano.

A la luz de la lámpara—la noche
ya dueña de la casa y el fantasma
de mi abuelo ya dueño de la noche—
yo penetraba en el silencio,
cuerpo sin cuerpo, tiempo
sin horas. Cada noche,
máquinas transparentes del delirio,
dentro de mí los libros levantaban
arquitecturas sobre una sima edificadas.
Las alza un soplo del espíritu,
un parpadeo las deshace.
Yo junté leña con los otros
y lloré con el humo de la pira
del domador de potros;
vagué por la arboleda navegante
que arrastra el Tajo turbiamente verde:
la líquida espesura se encrespaba
tras de la fugitiva Galatea;

The day buds, breaking out among the leaves,
spinning over itself,
surging, again incarnate,
from the vacuum into which it falls.
Time is filtered light.
The black fruit bursts
in the flesh-colored blossoms,
the broken branch leaks sour, milky sap.
The fig tree's metamorphosis:
burnt by autumn, transfigured by autumn's light.
It rises through diaphanous spaces,
a bare black virgin.
The sky is a revolving lapis lazuli:
its continents wheel *au ralenti,*
geographies without substance.
Flames in the snow of the clouds.
The afternoon turns to burnt honey.
Silent landslide of horizons:
light falls from the peaks,
shadow overflows the plain.

By the light of a lamp—night now
mistress of the house,
and the ghost of my grandfather
now master of the night—
I would penetrate silence,
bodiless body, time
without hours. Each night books,
transparent fever machines, raised within me
architectures built above an abyss.
A breath of the spirit creates them,
a blink of the eye tears them down.
I gathered wood with the others,
and wept from the smoke
of the horse-tamer's pyre;
I wandered on the floating grove
the turbulent green Tagus dragged along:
the liquid thicket curling
behind the fleeing Galatea;

vi en racimos las sombras agolpadas
para beber la sangre de la zanja:
mejor quebrar terrones
por la ración de perro del labrador avaro
que regir las naciones pálidas de los muertos;
tuve sed, vi demonios en el Gobi;
en la gruta nadé con la sirena
(y después, en el sueño purgativo,
fendendo i drappi, e mostravami 'l ventre,
quel mi svegliò col puzzo che n'uscia);
grabé sobre mi tumba imaginaria:
no muevas esta lápida,
soy rico sólo en huesos;
aquellas memorables
pecosas peras encontradas
en la cesta verbal de Villaurrutia;
Carlos Garrote, eterno medio hermano,
Dios te salve, me dijo al derribarme
y era, por los espejos del insomnio
repetido, yo mismo el que me hería;
Isis y el asno Lucio; el pulpo y Nemo;
y los libros marcados por las armas de Priapo,
leídos en las tardes diluviales
el cuerpo tenso, la mirada intensa.
Nombres anclados en el golfo
de mi frente: yo escribo porque el druida,
bajo el rumor de sílabas del himno,
encina bien plantada en una página,
me dió el gajo de muérdago, el conjuro
que hace brotar palabras de la peña.
Los nombres acumulan sus imágenes.
Las imágenes acumulan sus gaseosas,
conjeturales confederaciones.
Nubes y nubes, fantasmal galope
de las nubes sobre las crestas
de mi memoria. Adolescencia,
país de nubes.

I saw, in bunches of grapes, the shades clustered
to drink the blood in the pit:
better to live as a peasant,
breaking clods of dirt for a dog's ration,
than to rule this pale nation of the dead;
I was thirsty, I saw demons in the Gobi;
I swam in the grotto with the siren
(and later, in the cathartic dream,
fendendo i drappi, e mostravami 'l ventre,
quel mi svegliò col puzzo che n'uscia);
I engraved on my imaginary tomb:
Do not move this stone
My only riches are bones;
those memorable *freckled pears*
found in Villaurrutia's basket of words;
Carlos Garrote, eternal half-brother,
God save you, he cried, as he knocked me down,
and it was, in the mirrors of recurrent insomnia,
I myself who had wounded me;
Isis and Lucius the ass; Nemo and the squid;
and the books marked with the arms of Priapus,
read on diluvial afternoons,
body tense, eyes intent.
Names anchored in the bay
of my forehead: I write because the druid,
under the murmuring syllables of the hymn,
ilex planted deeply on the page,
gave me the branch of mistletoe, the spell
that makes words flow from stone.
Names accumulate their images,
images their vaporous
conjectural confederations.
Clouds and clouds, a phantom gallop
of clouds over the peaks
of my memory. Adolescence,
land of clouds.

Casa grande,
encallada en un tiempo
azolvado. La plaza, los árboles enormes
donde anidaba el sol, la iglesia enana
—su torre les llegaba a las rodillas
pero su doble lengua de metal
a los difuntos despertaba.
Bajo la arcada, en garbas militares,
las cañas, lanzas verdes,
carabinas de azúcar;
en el portal, el tendejón magenta:
frescor de agua en penumbra,
ancestrales petates, luz trenzada,
y sobre el zinc del mostrador,
diminutos planetas desprendidos
del árbol meridiano,
los tejocotes y las mandarinas,
amarillos montones de dulzura.
Giran los años en la plaza,
rueda de Santa Catalina,
y no se mueven.

Mis palabras,
al hablar de la casa, se agrietan.
Cuartos y cuartos, habitados
sólo por sus fantasmas,
sólo por el rencor de los mayores
habitados. Familias,
criaderos de alacranes:
como a los perros dan con la pitanza
vidrio molido, nos alimentan con sus odios
y la ambición dudosa de ser alguien.
También me dieron pan, me dieron tiempo,
claros en los recodos de los días,
remansos para estar solo conmigo.
Niño entre adultos taciturnos
y sus terribles niñerías,
niño por los pasillos de altas puertas,

The big house,
stranded in clogged time.
The plaza, the great trees
where the sun nestled,
the tiny church: its belfry
only reached their knees,
but its double tongue of metal
woke the dead.
Under the arcade, in military sheaves,
the cane, green lances,
sugar rifles;
at the portal, the magenta stall:
the coolness of water kept in the shade,
the ancestral palm-mats, knotted light,
and on the zinc counter
the miniature planets
fallen from the meridian tree,
sloes and mandarins,
yellow heaps of sweetness.
The years turn in the plaza,
a Catharine wheel,
and do not move.

My words,
speaking of the house, split apart.
Rooms and rooms inhabited
only by their ghosts,
only by the rancor of the elderly
inhabited. Families,
breeding-grounds for scorpions:
as they give ground glass to dogs
with their pittance, so they nourish us with their hates
and the doubtful ambition of being someone.
They also gave me bread, gave me time,
open spaces in the corners of the days,
backwaters to be alone with myself.
Child among taciturn adults
and their terrifying childishness,
child in passageways with tall doors,

habitaciones con retratos,
crepusculares cofradías de los ausentes,
niño sobreviviente
de los espejos sin memoria
y su pueblo de viento:
el tiempo y sus encarnaciones
resuelto en simulacros de reflejos.
En mi casa los muertos eran más que los vivos.
Mi madre, niña de mil años,
madre del mundo, huérfana de mí,
abnegada, feroz, obtusa, providente,
jilguera, perra, hormiga, jabalina,
carta de amor con faltas de lenguaje,
mi madre: pan que yo cortaba
con su propio cuchillo cada día.
Los fresnos me enseñaron,
bajo la lluvia, la paciencia,
a cantar cara al viento vehemente.
Virgen somnílocua, una tía
me enseñó a ver con los ojos cerrados,
ver hacia dentro y a través del muro.
Mi abuelo a sonreír en la caída
y a repetir en los desastres: *al hecho, pecho.*
(Esto que digo es tierra
sobre tu nombre derramada: *blanda te sea.*)
Del vómito a la sed,
atado al potro del alcohol,
mi padre iba y venía entre las llamas.
Por los durmientes y los rieles
de una estación de moscas y de polvo
una tarde juntamos sus pedazos.
Yo nunca pude hablar con él.
Lo encuentro ahora en sueños,
esa borrosa patria de los muertos.
Hablamos siempre de otras cosas.
Mientras la casa se desmoronaba
yo crecía. Fuí (soy) yerba, maleza
entre escombros anónimos.

rooms with portraits,
dim brotherhoods of the departed,
child survivor
of mirrors with no memory
and their people of wind:
time and its incarnations
resolved in the simulacra of reflections.
In my house there were more dead than living.
My mother, a thousand-year-old girl,
mother of the world, my orphan,
self-sacrificing, ferocious, stubborn, provident,
titmouse, bitch, ant, wild boar,
love letter with spelling mistakes;
my mother: bread I'd slice
with her own knife each day.
Under the rain,
the ash trees taught me patience,
to sing facing the violent wind.
A virgin who talked in her sleep, my aunt
taught me to see with eyes closed,
to see within, and through the wall;
my grandfather, to smile at defeat,
and for disasters: *in affliction, conviction.*
(This that I say is earth thrown over
your name: *let it rest softly.*)
Between vomit and thirst,
strapped to the rack of alcohol,
my father came and went through flames.
One evening of flies and dust,
we gathered, among the rails and crossties
of a railway station, his remains.
I could never talk to him.
I meet him now in dreams,
that blurred country of the dead.
We always speak of other things.
As the house crumbled, I grew.
I was (I am) grass,
weeds in anonymous trash.

como una frente libre, un libro abierto.
No me multiplicaron los espejos
codiciosos que vuelven
cosas los hombres, número las cosas:
ni mando ni ganancia. La santidad tampoco:
el cielo para mí pronto fué un cielo
deshabitado, una hermosura hueca
y adorable. Presencia suficiente,
cambiante: el tiempo y sus epifanías.
No me habló dios entre las nubes;
entre las hojas de la higuera
me habló el cuerpo, los cuerpos de mi cuerpo.
Encarnaciones instantáneas:
tarde lavada por la lluvia,
luz recién salida del agua,
el vaho femenino de las plantas
piel a mi piel pegada: ¡súcubo!
—como si al fin el tiempo coincidiese
consigo mismo y yo con él,
como si el tiempo y sus dos tiempos
fuesen un solo tiempo
que ya no fuese tiempo, un tiempo
donde siempre es *ahora* y a todas horas *siempre*,
como si yo y mi doble fuesen uno
y yo no fuese ya.
Granada de la hora: bebí sol, comí tiempo.
Dedos de luz abrían los follajes.
Zumbar de abejas en mi sangre:
el blanco advenimiento.
Me arrojó la descarga
a la orilla más sola. Fuí un extraño
entre las vastas ruinas de la tarde.
Vertigo abstracto: hablé conmigo,
fuí doble, el tiempo se rompió.

Atónita en lo alto del minuto
la carne se hace verbo—y el verbo se despeña.
Saberse desterrado en la tierra, siendo tierra,

Days,

like a free mind, an open book.
I was not multiplied by the envious mirrors
that turn men into things, things into numbers:
neither power nor gain. Nor sanctity either:
heaven for me soon became an uninhabited piece of sky,
an adorable and hollow beauty.
Sufficient and changing presence:
time and its epiphanies.
God did not talk to me from the clouds;
from the leaves of the fig tree
my body spoke to me, the bodies of my body.
Instantaneous incarnations:
afternoon washed by rain,
light just coming out from the water,
the feminine mist of plants,
skin stuck to my skin: succubus!
—as if time at last were to coincide
with itself, and I with it,
as if time and its two times
were one single time
that still was not time, a time
where always is *now* and anytime *always*,
as if I and my double were one
and I was no longer.
Pomegranate of the hour: I drank sun, I ate time.
Fingers of light would part the foliage.
Bees humming in my blood:
the white advent.
The shot flung me
to the loneliest shore. I was a stranger
in the vast ruins of the afternoon.
Abstract vertigo: I talked with myself,
I was double, time split apart.

Amazed at the moment's peak,
flesh became word—and the word fell.
To know exile on the earth, being earth,

es saberse mortal. Secreto a voces
y también secreto vacío, sin nada adentro:
no hay muertos, sólo hay muerte, madre nuestra.
Lo sabía el azteca, lo adivinaba el griego:
el agua es fuego y en su tránsito
nosotros somos sólo llamaradas.
La muerte es madre de las formas . . .
El sonido, bastón de ciego del sentido:
escribo *muerte* y vivo en ella
por un instante. Habito su sonido:
es un cubo neumático de vidrio,
vibra sobre esta página,
desaparece entre sus ecos.
Paisajes de palabras:
los despueblan mis ojos al leerlos.
No importa: los propagan mis oídos.
Brotan allá, en las zonas indecisas
del lenguaje, palustres poblaciones.
Son criaturas anfibias, son palabras.
Pasan de un elemento a otro,
se bañan en el fuego, reposan en el aire.
Están del otro lado. No las oigo, ¿qué dicen?
No dicen: hablan, hablan.

                        Salto de un cuento a otro
por un puente colgante de once sílabas.
Un cuerpo vivo aunque intangible el aire,
en todas partes siempre y en ninguna.
Duerme con los ojos abiertos,
se acuesta entre las yerbas y amanece rocío,
se persigue a sí mismo y habla solo en los túneles,
es un tornillo que perfora montes,
nadador en la mar brava del fuego
es invisible surtidor de ayes,
levanta a pulso dos océanos,
anda perdido por las calles
palabra en pena en busca de sentido,
aire que se disipa en aire.

is to know mortality. An open secret,
an empty secret with nothing inside:
there are no dead, there is only death, our mother.
The Aztecs knew it, the Greeks divined it:
water is fire, and in its passage
we are only flashes of flame.
Death is the mother of forms . . .
Sound, the blindman's cane of sense:
I write *death* and for a moment
I live within it. I inhabit its sound:
a pneumatic cube of glass,
vibrating on this page,
vanishing among its echoes.
Landscapes of words:
my eyes, reading, depopulate them.
It doesn't matter: my ears propagate them.
They breed there, in the indecisive
zones of language, the villages in the marsh.
They are amphibious creatures, they are words.
They pass from one element to another,
they bathe in fire, rest in the air.
They are from the other side.
I don't hear them: what do they say?
They don't say: they talk and talk.

I leap from one story to another on a
suspension bridge of eleven syllables.
A body, living but intangible, the air
in all places always and in none.
It sleeps with open eyes,
it lies down in the grass and wakes up as dew,
it chases itself, talks to itself in tunnels,
is a bit that drills into mountains,
a swimmer in the rough seas of fire,
an invisible fountain of laments,
it lifts two oceans with a hand,
and walks through the streets, lost,
a word in limbo in search of meaning,
air that vanishes into air.

¿Y para qué digo todo esto?
Para decir que en pleno mediodía
el aire se poblaba de fantasmas,
sol acuñado en alas,
ingrávidas monedas, mariposas.
Anochecer. En la terraza
oficiaba la luna silenciaria.
La *cabeza de muerto*, mensajera
de las ánimas, la fascinante fascinada
por las camelias y la luz eléctrica,
sobre nuestras cabezas era un revoloteo
de conjuros opacos. *¡Mátala!*
gritaban las mujeres
y la quemaban como bruja.
Después, con un suspiro feroz, se santiguaban.
Luz esparcida, Psiquis . . .

                              ¿Hay mensajeros? Sí,
cuerpo tatuado de señales
es el espacio, el aire es invisible
tejido de llamadas y respuestas.
Animales y cosas se hacen lenguas,
a través de nosotros habla consigo mismo
el universo. Somos un fragmento
—pero cabal en su inacabamiento—
de su discurso. Solipsismo
coherente y vacío:
desde el principio del principio
¿qué dice? Dice que nos dice.
Se lo dice a sí mismo. *Oh madness of discourse,*
that cause sets up with and against itself!

Desde lo alto del minuto
despeñado en la tarde de plantas fanerógamas
me descubrió la muerte.
Y yo en la muerte descubrí al lenguaje.
El universo habla solo
pero los hombres hablan con los hombres:

And why do I say all this?
To say that, at high noon,
the air was populated with phantoms,
sun coined into wings,
weightless change, butterflies.
Night fell. On the terrace
the silenciary moon officiated.
A death's-head, messenger
of the souls, the enchanting
enchanted by the camelias
and the electric light, was,
over our heads, a fluttering
of opaque conjurations. *Kill it!*
the women shouted
and burned it like a witch.
Then, with a fierce sigh, they crossed themselves.
Scattered light, Psyche . . .

                                    Are there messengers? Yes,
space is a body tattooed with signs, the air
an invisible web of calls and answers.
Animals and things make languages,
through us the universe talks with itself.
We are a fragment—
accomplished in our unaccomplishment—
of its discourse. A coherent
and empty solipsism:
since the beginning of the beginning
what does it say? It says that it says us.
It says it to itself. *Oh madness of discourse,*
that cause sets up with and against itself!

From the moment's peak flung down
into an afternoon of sexual plants,
I discovered death.
And in death I discovered language.
The universe talks to itself,
but people talk to people:

hay historia. Guillermo, Alfonso, Emilio:
el corral de los juegos era historia
y era historia jugar a morir juntos.
La polvareda, el grito, la caída:
algarabía, no discurso.
En el vaivén errante de las cosas,
por las revoluciones de las formas
y de los tiempos arrastradas,
cada una pelea con las otras,
cada una se alza, ciega, contra sí misma.
Así, según la hora cae desen-
lazada, su injusticia pagan. (Anaximandro.)
La injusticia de ser: las cosas sufren
unas con otras y consigo mismas
por ser un querer más, siempre ser más que más.
Ser tiempo es la condena, nuestra pena es la historia.
Pero también es el lugar de prueba:
reconocer en el borrón de sangre
del lienzo de Verónica la cara
del otro—siempre el otro es nuestra víctima.
Túneles, galerías de la historia
¿sólo la muerte es puerta de salida?
El escape, quizás, es hacia dentro.
Purgación del lenguaje, la historia se consume
en la disolución de los pronombres:
ni *yo soy* ni *yo más* sino más ser sin yo.
En el centro del tiempo ya no hay tiempo,
es movimiento hecho fijeza, círculo
anulado en sus giros.

        Mediodía:
llamas verdes los árboles del patio.
Crepitación de brasas últimas
entre la yerba: insectos obstinados.
Sobre los prados amarillos
claridades: los pasos de vidrio del otoño.
Una congregación fortuita de reflejos,
pájaro momentáneo,

there is history. Guillermo, Alfonso, Emilio:
the patio where we played was history,
it was history to play at death together.
The clouds of dust, the shouts, the tumbles:
gabble, not speech.
In the aimless give-and-take of things,
carried along by the revolutions of forms and times,
everyone battles with the others,
everyone rebels, blindly, against himself.
Thus, returning to their origin,
they pay for their injustice. (Anaximander)
The injustice of being: things suffer
one with the other and with themselves
for to be is the desire to be more,
to always be more than more.
To be time is the sentence; history, our punishment.
But it is also the proving-ground:
to see, in the blot of blood
on Veronica's cloth, the face
of another—always the other is our victim.
Tunnels, galleries of history:
is death the only exit?
The way out, perhaps, is toward within.
The purgation of language, history consuming itself
in the dissolution of pronouns:
not *I am* nor *I even more so*
but more being without I.
In the center of time, there is no more time,
but motion become fixity, a circle
canceled by its revolutions.

                        Noon:
the trees in the patio are green flames.
The crackling of the last embers
in the grass: stubborn insects.
Over the yellow meadows,
clarities: the glass footsteps of autumn.
A fortuitous meeting of reflections,
an ephemeral bird

entra por la enramada de estas letras.
El sol en mi escritura bebe sombra.
Entre muros—de piedra no:
por la memoria levantados—
transitoria arboleda:
luz reflexiva entre los troncos
y la respiración del viento.
El dios sin cuerpo, el dios sin nombre
que llamamos con nombres
vacíos—con los nombres del vacío—,
el dios del tiempo, el dios que es tiempo,
pasa entre los ramajes
que escribo. Dispersión de nubes
sobre un espejo neutro:
en la disipación de las imágenes
el alma es ya, vacante, espacio puro.
En quietud se resuelve el movimiento.
Insiste el sol, se clava
en la corola de la hora absorta.
Llama en el tallo de agua
de las palabras que la dicen,
la flor es otro sol.
La quietud en sí misma
se disuelve. Transcurre el tiempo
sin transcurrir. Pasa y se queda. Acaso,
aunque todos pasamos, ni pasa ni se queda:
hay un tercer estado.

Hay un estar tercero:
el ser sin ser, la plenitud vacía,
hora sin horas y otros nombres
con que se muestra y se dispersa
en las confluencias del lenguaje
no la presencia: su presentimiento.
Los nombres que la nombran dicen: *nada*,
palabra de dos filos, palabra entre dos huecos.
Su casa, edificada sobre el aire
con ladrillos de fuego y muros de agua,
se hace y se deshace y es la misma

enters the foliage of these letters.
The sun, in my writing, drinks the shadows.
Between the walls—not of stone,
but raised by memory—
a transitory grove:
reflective light among the trunks
and the breathing of the wind.
The bodiless god, the nameless god
whom we call by empty names—
by the names of the emptiness—
the god of time, the god that is time,
passes through the branches
that I write. Dispersion of clouds
above a neutral mirror:
in the dissipation of the images,
the soul already is, vacant, pure space.
Motion resolves in tranquility.
The sun insists, fastened
in the corolla of the absorbed hour.
Flame on the water-stalk
of the words that say it,
the flower is another sun.
Tranquility dissolves in itself. Time
elapses without elapse. It passes and stays. Perhaps
although we all pass, it neither passes nor stays:
there is a third state.

A third state:
being without being, empty plenitude,
hour without hours and the other names
with which it appears and vanishes
in the confluences of language.
Not the presence: its presentiment.
The names that name it say: *nothing*,
double-edged word, word between two hollows.
Its house, built on air
with bricks of fire and walls of water,
constructs and deconstructs and is the same

desde el principio. Es dios:
habita nombres que lo niegan.
En las conversaciones con la higuera
o entre los blancos del discurso,
en la conjuración de las imágenes
contra mis párpados cerrados,
el desvarío de las simetrías,
los arenales del insomnio,
el dudoso jardín de la memoria
o en los senderos divagantes,
era el eclipse de las claridades.
Aparecía en cada forma
de desvanecimiento.

                    Dios sin cuerpo,
con lenguajes de cuerpo lo nombraban
mis sentidos. Quise nombrarlo
con un nombre solar,
una palabra sin revés.
Fatigué el cubilete y el *ars combinatoria*.
Una sonaja de semillas secas
las letras rotas de los nombres:
hemos quebrantado a los nombres,
hemos dispersado a los nombres,
hemos deshonrado a los nombres.
Ando en busca del nombre desde entonces.
Me fuí tras un murmullo de lenguajes,
ríos entre los pedregales
color ferrigno de estos tiempos.
Pirámides de huesos, pudrideros verbales:
nuestros señores son gárrulos y feroces.
Alcé con las palabras y sus sombras
una casa ambulante de reflejos,
torre que anda, construcción de viento.
El tiempo y sus combinaciones:
los años y los muertos y las sílabas,
cuentos distintos de la misma cuenta.
Espiral de los ecos, el poema

from the beginning. It is god:
it inhabits the names that deny it.
In the conversations with the fig tree
or in the pauses of speech,
in the conjuration of the images
against my closed eyelids,
in the delirium of the symmetries,
the quicksands of insomnia,
the dubious garden of memory,
or in the rambling paths,
it was the eclipse of the clarities.
It appeared in every form
of vanishing.

        Bodiless god,
my senses named it
in the languages of the body.
I wanted to name it
with a solar name,
a word without reverse.
I exhausted the dice box and *ars combinatoria.*
A rattle of dried seeds,
the broken letters of names:
we have crushed names,
we have scattered names,
we have dishonored names.
Since then, I have been in search of the name.
I followed a murmur of languages,
rivers between rocks
color ferrigno of these times.
Pyramids of bones, rotting-places of words:
our masters are garrulous and bloodthirsty.
I built with words and their shadows
a movable house of reflections,
a walking tower, edifice of wind.
Time and its combinations:
the years and the dead and the syllables,
different accounts from the same account.
Spiral of echoes, the poem

es aire que se esculpe y se disipa,
fugaz alegoría de los nombres
verdaderos. A veces la página respira:
los enjambres de signos, las repúblicas
errantes de sonidos y sentidos,
en rotación magnética se enlazan y dispersan
sobre el papel.

                    Estoy en donde estuve:
voy detrás del murmullo,
pasos dentro de mí, oídos con los ojos,
el murmullo es mental, yo soy mis pasos,
oigo las voces que yo pienso,
las voces que me piensan al pensarlas.
Soy la sombra que arrojan mis palabras.

is air that sculpts itself and dissolves,
a fleeting allegory of true names.
At times the page breathes:
the swarm of signs, the errant
republics of sounds and senses,
in magnetic rotation
link and scatter
on the page.

      I am where I was:
I walk behind the murmur,
footsteps within me, heard with my eyes,
the murmur is in the mind, I am my footsteps,
I hear the voices that I think,
the voices that think me as I think them.
I am the shadow my words cast.

Homenaje a Claudio Ptolomeo

(Antología Palatina 9.577)

Soy hombre: poco duro
y es enorme la noche.
Pero miro hacia arriba:
las estrellas escriben.
Sin entender comprendo:
también soy escritura
y en este mismo instante
alguien me deletrea.

Estrellas y grillo

Es grande el cielo.
Arriba, siembran mundos.
Imperturbable,
prosigue en tanta noche
el grillo berbiquí.

Homage to Claudius Ptolemy

(Palatine Anthology 9.577)

I am a man: little do I last
and the night is enormous.
But I look up:
the stars write.
Unknowing I understand:
I too am written,
and at this very moment
someone spells me out.

Stars and cricket

The sky's big.
Up there, worlds scatter.
Persistent,
Unfazed by such a night,
Cricket:
Brace and bit.

Primero de Enero

Las puertas del año se abren,
como las del lenguaje,
hacia lo desconocido.
Anoche me dijiste:
                    mañana
habrá que trazar unos signos,
dibujar un paisaje, tejer una trama
sobre la doble página
del papel y del día.
Mañana habrá que inventar,
de nuevo,
la realidad de este mundo.

Ya tarde abrí los ojos.
Por el segundo de un segundo
sentí lo que el azteca,
acechando
desde el peñón del promontorio,
por las rendijas de los horizontes
el incierto regreso del tiempo.

No, el año había regresado.
Llenaba todo el cuarto
y casi lo palpaban mis miradas.
El tiempo, sin nuestra ayuda,
había puesto,
en un orden idéntico al de ayer,
casas en la calle vacía,
nieve sobre las casas,
silencio sobre la nieve.

Tú estabas a mi lado,
aún dormida.
El día te había inventado
pero tú no aceptabas todavía

January First

The year's doors open
like those of language,
toward the unknown.
Last night you told me:
                    tomorrow
we shall have to think up signs,
sketch a landscape, fabricate a plan
on the double page
of day and paper.
Tomorrow, we shall have to invent,
once more,
the reality of this world.

I opened my eyes late.
For a second of a second
I felt what the Aztec felt,
on the crest of the promontory,
lying in wait
for time's uncertain return
through cracks in the horizon.

But no, the year had returned.
It filled all the room
and my look almost touched it.
Time, with no help from us,
had placed
in exactly the same order as yesterday
houses in the empty street,
snow on the houses,
silence on the snow.

You were beside me,
still asleep.
The day had invented you
but you hadn't yet accepted

tu invención en este día.
Quizá tampoco la mía.
Tú estabas en otro día.

Estabas a mi lado
y yo te veía, como la nieve,
dormida entre las apariencias.
El tiempo, sin nuestra ayuda,
inventa casas, calles, árboles,
mujeres dormidas.

Cuando abras los ojos
caminaremos, de nuevo,
entre las horas y sus invenciones.
Caminaremos entre las apariencias,
daremos fe del tiempo y sus conjugaciones.
Abriremos acaso las puertas del día.
Entraremos entonces en lo desconocido.

En defensa de Pirrón

A Juliano, exprefecto de Egipto
(Antología Palatina 7.576)

Juliano, me curaste de espantos, no de dudas.
Contra Pirrón dijiste: *No sabía el escéptico*
si estaba vivo o muerto. La muerte lo sabía.
Y tú, ¿cómo lo sabes?

being invented by the day.
—Nor possibly my being invented, either.
You were in another day.

You were beside me
and I saw you, like the snow,
asleep among appearances.
Time, with no help from us,
invents houses, streets, trees
and sleeping women.

When you open your eyes
we'll walk, once more,
among the hours and their inventions.
We'll walk among appearances
and bear witness to time and its conjugations.
Perhaps we'll open the day's doors.
And then we shall enter the unknown.

[E.B.]

In defense of Pyrrho

For Julian, ex-prefect of Egypt
(Palatine Anthology 7.576)

Julian, you've cured my fears, but not my doubts.
Against Pyrrho you said: *The skeptic*
didn't know if he was alive or dead. Death knew.
And you—how do you know?

La vista, el tacto

A Balthus

La luz sostiene entre las manos
la loma blanca y las encinas negras,
el sendero que avanza,
el árbol que se queda;

la luz es una piedra que respira
junto al río, dormido caminante,
la luz: una muchacha que se tiende,
un haz obscuro que clarea;

la luz esculpe al viento en la cortina,
hace de cada hora un cuerpo vivo,
entra en el cuarto y se desliza,
descalza, sobre el filo del cuchillo;

la luz nace mujer en un espejo,
desnuda bajo diáfanos follajes
una mirada la encadena,
la desvanece un parpadeo;

la luz palpa los frutos y palpa lo invisible,
cántaro donde beben claridades los ojos,
llama cortada en flor y vela en vela
donde la mariposa de alas negras se quema;

la luz abre los pliegues de las sábanas
y los repliegues de la pubescencia,
arde en la chimenea, sus llamas vueltas sombras
trepan los muros, yedra deseosa;

la luz no absuelve y no condena,
no es justa ni es injusta,
la luz con manos impalpables alza
los edificios de la simetría;

Sight, touch

To Balthus

Light holds between its hands
the white hill and black oaks,
the path that goes on,
the tree that stays;

light is a stone that breathes
by the sleepwalking river,
light: a girl stretching,
a dark bundle dawning;

light shapes the breeze in the curtains,
makes a living body from each hour,
enters the room and slips out,
barefoot, on the edge of a knife;

light is born a woman in a mirror,
naked under diaphanous leaves,
chained by a look,
dissolved in a wink;

it touches the fruit and the unbodied,
it is a pitcher from which the eye drinks clarities,
a flame cut in blossom, a candle watching
where the blackwinged butterfly burns;

light opens the folds of the sheets
and the creases of puberty,
glows in the fireplace, its flames become shadows
that climb the walls, yearning ivy;

light does not absolve or condemn,
is neither just or unjust,
light with impalpable hands raises
the buildings of symmetry;

la luz se va por un pasaje de reflejos
y regresa a si misma:
es una mano que se inventa,
un ojo que se mira en sus inventos.

La luz es tiempo que se piensa.

Entre irse y quedarse

Entre irse y quedarse el día se inmoviliza,
bloque de congelada transparencia.

Todo es visible y todo es elusivo:
el horizonte es una cercanía intocable.

Papeles en la mesa, un libro, un vaso:
reposan a la sombra de sus nombres las cosas.

Asciende por mis venas la sangre más despacio
y repite en mi sien su sílaba obstinada.

La luz indiferente transfigura
muros opacos, tiempo sin historia.

Se ha ensanchado la tarde: ya es bahía
y en su quieto vaivén se mece el mundo.

No estamos ni dormidos ni despiertos:
estamos, nada más estamos.

Se desprende el instante de si mismo:
arrancamos, son tránsitos las pausas.

light escapes through a passage of mirrors
and returns to light:
is a hand that invents itself,
an eye that sees itself in its own inventions.

Light is time reflecting on time.

[M.S.]

Between leaving and staying

A solid transparence, the day
is caught between leaving and staying,

all of it seen but elusive,
the horizon an untouchable nearness.

Papers on the table, a book, a glass—
things rest in the shadow of their names.

The blood in my veins rises more and more slowly
and repeats its obstinate syllable within my temples.

The light makes no choices, now changing a wall
that merely exists in time without history.

The afternoon spreads, is already a bay;
its quiet motions are rocking the world.

We are neither asleep nor awake:
we merely are, merely stay.

The moment is falling from itself, pausing,
becoming the passage through which we continue.

[M.S.]

Un despertar

Dentro de un sueño estaba emparedado.
Sus muros no tenían consistencia
ni peso: su vacío era su peso.
Los muros eran horas y las horas
fija y acumulada pesadumbre.
El tiempo de esas horas no era tiempo.

Salté por una brecha: eran las cuatro
en este mundo. El cuarto era mi cuarto
y en cada cosa estaba mi fantasma.
Yo no estaba. Miré por la ventana:
bajo la luz eléctrica ni un alma;
nieve ya sucia, casas apagadas,
postes, autos dormidos y el valiente
corro de robles, altos esqueletos.

Negra y blanca la noche; los dibujos
de las constelaciones, ilegibles;
el viento y sus navajas. Yo miraba,
sin comprender. Miraba, con los ojos,
en la calle sin nadie, la presencia.
La presencia sin cuerpo. Con mis ojos.
El ser es reticente en su abundancia.

Miré hacia dentro: el cuarto era mi cuarto
y yo no estaba. Al ser nada le falta,
aunque nosotros ya no estemos. Fuera,
todavía indecisas, claridades:
el alba entre confusas azoteas.
Ya las constelaciones se borraban.

Waking

I was walled up inside my dream.
Its walls had not solidity
or weight; its only weight was emptiness.
The walls were hours and the hours
were stubborn, stored-up sorrow.
Time within these hours was not time.

I leapt through an opening—it was four o'clock
in this world. The room was my room
and my ghost was in each thing.
I wasn't there. I looked through the window:
not a soul under the streetlamp;
snow already dirty, dark houses,
telephone poles, cars asleep, and the brave
cluster of oaks, tall skeletons.

The night, white and black; the drawn
figures of the constellations, illegible;
the wind and its blades. I looked
without understanding—looked with my eyes
in the empty street, the presence.
The presence without body.
Being in its fullness, is quiet.

I looked inside. The room was my room
and I wasn't in it. Even without us,
being lacks nothing. Outside,
still hesitant, clarities:
dawn among the confusion of rooftops.
Already the constellations were being erased.

[M.S.]

Pequeña variación

Como una música resucitada
—¿quien la despierta allá, del otro lado,
quien la conduce por las espirales
del oído mental?—
como el desvanecido
momento que regresa
y es otra vez la misma
disipada inminencia,
sonaron sin sonar
las sílabas desenterradas:
y a la hora de nuestra muerte amén.

En la capilla del colegio
las dije muchas veces
sin convicción. Las oigo ahora
dichas por una voz sin labios,
rumor de arena que se desmorona,
mientras las horas doblan en mi cráneo
y el tiempo da otra vuelta hacia mi noche.
No soy el primer hombre
—me digo, a la Epicteto—
que va a morir sobre la tierra.
Y el mundo se desploma por mi sangre
al tiempo que lo digo.

                El desconsuelo
de Gilgamesh cuando volvía
del país sin crepúsculo:
mi desconsuelo. En nuestra tierra opaca
cada hombre es Adán:
                        con él comienza el mundo,
con él acaba.

                Entre el después y el antes,
paréntesis de piedra,
seré por un instante sin regreso

168

Small variation

Like music come back to life—
who brings it from over there, from the other side,
who conducts it through the spirals
of the mind's ear?—
like the vanished
moment that returns
and is again the same
presence erasing itself,
the syllables unearthed
make sound without sound:
and at the hour of our death, amen.

In the school chapel
I spoke them many times
without conviction. Now I hear them
spoken by a voice without lips,
a sound of sand sifting away,
while in my skull the hours toll
and time takes another turn around my night.
I am not the first man on earth—
I tell myself in the manner of Epictetus—
who is going to die.
And as I say this
the world breaks down in my blood.

                      The sorrow
of Gilgamesh when he returned
from the land without twilight
is my sorrow. On our shadowy earth
each man is Adam:
                with him the world begins,
with him it ends.
           Between after and before—
brackets of stone—
for an instant that will never return I shall be

el primer hombre y seré el último.
Y al decirlo, el instante
—intangible, impalpable—
bajo mis pies se abre
y sobre mí se cierra, tiempo puro.

Viento, agua, piedra

A Roger Caillois

El agua horada la piedra,
el viento dispersa el agua,
la piedra detiene al viento.
Agua, viento, piedra.

El viento esculpe la piedra,
la piedra es copa del agua,
el agua escapa y es viento.
Piedra, viento, agua.

El viento en sus giros canta,
el agua al andar murmura,
la piedra inmóvil se calla.
Viento, agua, piedra.

Uno es otro y es ninguno:
entre sus nombres vacíos
pasan y se desvanecen
agua, piedra, viento.

the first man and I shall be the last.
And as I say it, the instant—
bodiless, weightless—
opens under my feet
and closes over me and is pure time.

Wind and water and stone

For Roger Caillois

The water hollowed the stone,
the wind dispersed the water,
the stone stopped the wind.
Water and wind and stone.

The wind sculpted the stone,
the stone is a cup of water,
the water runs off and is wind.
Stone and wind and water.

The wind sings in its turnings,
the water murmurs as it goes,
the motionless stone is quiet.
Wind and water and stone.

One is the other, and is neither:
among their empty names
they pass and disappear,
water and stone and wind.

La llama, el habla

En un poema leo:
conversar es divino.
Pero los dioses no hablan:
hacen, deshacen mundos
mientras los hombres hablan.
Los dioses, sin palabras,
juegan juegos terribles.

El espíritu baja
y desata las lenguas
pero no habla palabras:
habla lumbre. El lenguaje,
por el dios encendido,
es una profecía
de llamas y una torre
de humo y un desplome
de sílabas quemadas:
ceniza sin sentido.

La palabra del hombre
es hija de la muerte.
Hablamos porque somos
mortales: las palabras
no son signos, son años.
Al decir lo que dicen
los nombres que decimos
dicen tiempo: nos dicen.
Somos nombres del tiempo.

Mudos, también los muertos
pronuncian las palabras
que decimos los vivos.
El lenguaje es la casa
de todos en el flanco
del abismo colgada.
Conversar es humano.

Flame, speech

I read in a poem:
to talk is divine.
But the gods don't speak:
they make and unmake worlds
while men do the talking.
They play frightening games
without words.

The spirit descends,
loosening tongues,
but doesn't speak words:
it speaks fire.
Lit by a god,
language becomes
a prophecy
of flames and a tower
of smoke and collapse
of syllables burned:
ash without meaning.

The word of man
is the daughter of death.
We talk because we are mortal:
words are not signs, they are years.
Saying what they say,
the words we are saying
say time: they name us.
We are time's names.

The dead are mute
but they also say
what we are saying.
Language is the house
of all, hanging over
the edge of the abyss.
To talk is human.

[M.S.]

Ejercicio preparatorio

La hora se vacía.
Me cansa el libro y lo cierro.
Miro, sin mirar, por la ventana:
blancura unánime—nevó anoche—
que todos pisan sin remordimiento.
Espío mis pensamientos.
                              Pienso que no pienso.
Alguien, al otro lado, abre una puerta.
Tal vez, tras esa puerta,
no hay ortro lado.
                              Pasos en el pasillo,
pasos de nadie: es sólo el aire
buscando su camino.
                              Nunca sabemos
si entramos o salimos.
                              Yo, sin moverme,
también busco, no mi camino:
el rastro de mis pasos
en los años diezmados.
                              Lo busco
en el poso de café negro
y en el minado cubo de ázucar
que se deshace en este instante
sin nombre ni cara.

                              Sin cara, sin nombre,
sin decir: he llegado,
                              llega.
Señora de las reticencias,
lo dice todo y no dice nada,
inminencia que se desvanece,
                              presencia
que es la disipación de las presencias,
siempre en un aquí mismo
                              más allá siempre.

Preparatory exercise

The hour empties out.
The book tires me, I close it,
I look, without looking, out the window:
solid white—last night's snow
they all trample with no regret.
I spy on my thoughts.
                              I think I am not thinking.
Someone, on the other side, opens a door.
Perhaps behind that door
there is no other side.
                              Footsteps in the corridor,
no one's footsteps:
                              only the air
finding its way.
                    We never know
if we're entering or leaving.
                                        Motionless,
I too am trying to find—
                              not my way,
but the tracks of my steps
through the decimated years.
                                        I search
the grounds of a cup of coffee
and the eroded cube of sugar
that crumbles in this moment
without name nor face.

                    Without face, without name,
without saying: I have come,
                              it comes.
Lady of reticence,
who says it all, saying nothing,
imminence that vanishes,
                              presence
that is the scattering of the presences,

Hora deshabitada:
                    ¿así será mi hora?
Al pensarlo, me deshabito.
                    Miro
la mesa, el libro, la ventana:
cada cosa es irrefutable.
                    Sí,
la realidad es real.
          Sin embargo
—enorme, sólida—flota sin apoyo
sobre este instante hueco.
                    La realidad
está al borde del abismo siempre,
colgada del hilo de un pensamiento.
Pienso que no pienso.
                    Me confundo
con el aire que anda por el pasillo.
El aire sin cara, sin nombre.

                    Sin nombre, sin cara,
ha llegado.
          Está llegando siempre.
En una hora parecida a ésta, dije:
obsceno como morir en su lecho.
Me arrepiento de haberlo dicho:
quiero morir en mi cama.
O morir aquí, en esta silla,
frente a este libro, mirando por la ventana.
Niño, soñé muertes de héroe.
                    Viejo,
quiero morir con los ojos abiertos,
morir sabiendo que muero.
No quiero muerte de fuera.
Todos los días nos sirven un plato de sangre.
Este siglo tiene pocas ideas,
todas fijas y todas homicidas.
En una esquina cualquiera
aguarda—justo, omnisciente y armado—
el dogmático sin nombre, sin cara.

always in that here
                    that is always farther away.
Deserted hour:
                    will my hour be like this?
Thinking it, I desert myself.
                         I look
at the table, the book, the window:
each thing is irrefutable.
                         Yes,
reality's real.
                    And yet,
—enormous, solid—free-floating it hangs
above this hollow moment.
                         Reality
is always at the edge of the abyss,
hung from the thread of a thought.
I think I am not thinking.
                         I muddle
with the air that walks through the corridor.
The air without face, without name.

                         Without name, without face,
it has come.
                    It is always coming.
In an hour like this I once said:
obscene as dying in bed.
I regret that I said it:
I want to die in my bed.
Or to die here, in this chair,
with this book, looking out the window.
A boy, I dreamed of the deaths of heroes.
                         Old,
I want to die with eyes open,
to die knowing I'm dying.
I don't want to die in the open.
Every day they serve us a fresh platter of blood.
This century has few ideas,
all of them fixed and all homicidal.
At any corner he waits
—pious, omniscient and armed—

                              Sin cara, sin nombre:
la muerte que yo quiero lleva mi nombre,
tiene mi cara.

                    Es mi espejo y mi sombra,
la voz sin sonido que dice mi nombre,
la oreja que me escucha cuando callo,
la pared impalpable que me cierra el paso,
el piso que de pronto se abre.
Es mi creación y yo soy su criatura.
Poco a poco, sin saber lo que hago,
la esculpo, escultura de aire.
Pero no la toco, pero no me habla.
Todavía no aprendo a ver,
en la cara del muerto, mi cara.
A la hora del apagamiento
                              ¿quien nos aguarda
en la frontera cenicienta?
El Buda no enseña a morir:
enseña que esta vida es un engaño.
¿ Quien abrirá mis ojos
frente al otro engaño que es la muerte?
Vuelvo a mis Escrituras:
no he sido Don Quijote,
no deshice ningún entuerto
                              (aunque a veces
me hayan apedreado los cabreros)
pero quiero, como él, morir cuerdo,
con los ojos abiertos,
sabiendo que morir es regresar,
el alma o lo que así llamamos
vuelta una transparencia,
                              reconciliado
con los tres tiempos y las cinco direcciones.

the dogmatist without name, without face.

           Without face, without name,
the death I want bears my name,
it has my face.
           It is my mirror and my shadow,
the soundless voice that speaks my name,
the ear that listens to me when I'm silent,
the impalpable wall that blocks my path,
the floor that suddenly opens.
It is my creation, I am its creature.
Little by little, not knowing what I'm doing,
I sculpt this sculpture of air.
But I do not touch it, but it never talks to me.
I still haven't learned to see,
in the face of the dead, my face.
At the hour of darkness,
                  who waits for us
on the frontier of ashes?
The Buddha does not teach us dying,
he teaches that this life is illusion.
Who will open my eyes
to that other illusion—death?
I go back to my Scriptures:
I have not been Don Quixote,
I have never undone any wrong
                   (though at times
I've been stoned by shepherds)
but I want, as he did, to die lucid,
with eyes open,
knowing that to die is to return,
the soul, or what we call the soul,
turned to transparency,
             at one
with the three states of time and the five directions.

Epitafio sobre ninguna piedra

Mixcoac fue mi pueblo. Tres sílabas nocturnas,
un antifaz de sombra sobre un rostro solar.
Vino y se lo comió la tolvanera.
Yo me escapé y anduve por el mundo.
Mi casa fueron mis palabras, mi tumba el aire.

Epitaph for no stone

Mixcoac was my village. Three nocturnal syllables,
a half-mask of shadow across a solar face.
Clouds of dust came and ate it.
I escaped and walked through the world.
My words were my house, air my tomb.

Este lado

A Donald Sutherland

Hay luz. No la tocamos ni la vemos.
En sus vacías claridades
reposa lo que vemos y tocamos.
Yo veo con las yemas de mis dedos
lo que palpan mis ojos:

                    sombras, mundo.

Con las sombras dibujo mundos,
disipo mundos con las sombras.
Oigo latir la luz del otro lado.

México, a 2 de Septiembre de 1978.

This side

For Donald Sutherland

There is light. We neither see nor touch it.
In its empty clarities rests
what we touch and see.
I see with my fingertips
what my eyes touch:
                    shadows, the world.
With shadows I draw worlds,
I scatter worlds with shadows.
I hear the light beat on the other side.

Mexico City, September 2, 1978.

Notes

[Editor's notes in brackets]

GOLDEN LOTUSES (3)

C f., *Chin P'ing Mei,* the Ming Dynasty novel.

HIMACHAL PRADESH

A state in the western Himalayas. Some believe that the Vedic hymns were composed here.

CONCERT IN THE GARDEN

Vina and mridangam: musical instruments of southern India (Carnatic school).

SUNYATA

Sunyata is a term that designates the central concept of Madhyamika Buddhism: the absolute void.

IN THE LODI GARDENS

The mausoleums of the Lodi Dynasty (1451–1526) in Delhi.

SUNDAY ON THE ISLAND OF ELEPHANTA

The sculptures in the Shivaite caves of Elephanta (7th Century) are among the most beautiful in Indian art. The reliefs represent scenes from the legends of Shiva and Parvati. The religious fervor of the Portuguese mutilated, but did not destroy, their beauty.

A TALE OF TWO GARDENS

Almendrita: "Little Almond," the heroine of a children's story, who sails on a fig leaf.
Yakshi: feminine divinity of trees and plants.
Prajnaparamita: *prajna* is knowledge and *paramita* is perfection; the Perfect Knowledge; the other bank; feminine divinity in Mahayana Buddhism, similar to our Sophia; the woman and, in Tantric Buddhism (Vajrayana) her vulva; the plentitude in the void.

184

Nagarjuna: Buddhist philosopher of the 2nd Century.

Dharmakirti: Buddhist poet and logician of the 7th Century.

RETURN

"the pain of dying . . .": Masoaka Shiki (1867–1902). [Translated into Spanish by Paz in *Versiones y Diversiones*]

"whores/pillars . . .": "Crepúsculos de la ciudad" (sonnet II). [An untranslated early Paz poem]

"atl tlachinolli": A Nahuatl expression meaning 'burnt water/(something).' [Paz has insisted that the more familiar English translation, 'burning water,' is incorrect.] The hieroglyph is often found on Aztec monuments. Alfonso Caso states that 'water' also means blood, and that 'burnt (something)' alludes to fire. The opposition of water and fire is a metaphor of cosmic war, modeled, in turn, on the wars between men. Cities and civilizations are founded on an image; the union of opposites, water and fire, was the metaphor of the foundation of the city of Mexico. It is an image of the cosmos and man as a vast contradictory unity. Tragic vision: the cosmos is movement, and the axis of blood of that movement is man. After wandering for some centuries, the Mexica founded Mexico Tenochtitlán precisely in the place indicated in the auguries of their god Huitzilopochtli: the rock in the lake; on the rock, a nopal, the plant whose fruit symbolizes human hearts; on the nopal, an eagle, the solar bird that devours the red fruit; a snake; white water; trees and grass that were also white . . .

THE SKIN OF THE WORLD, THE SOUND OF THE WORLD

The poem alludes to various paintings and collages by Robert Motherwell: the elegies to the Spanish Republic, the homages to Mallarmé, and the series *Je t'aime* and *Chi ama crede*.

IN THE MIDDLE OF THIS PHRASE

"unused light": Fray Luis de León, "A Francisco de Salinas."

BLACK AND WHITE STONE

I was not a friend of Joseph Sima's, but in 1969 and 1970 I had the fortune of seeing him a few times, always briefly, at the gallery Le Point Cardinal in Paris. His presence and his conversation created an impression on me that was no less vivid than his painting. Two days before writing the poem and dreaming the dream that are the object of this note, I had received a letter from Claude Esteban, asking me for a text—perhaps, he hinted, a poem—in homage to Sima. I barely remember my dream, except for the image of an almost spherical stone—planet? giant gourd? electric light bulb? fruit?—floating in the air, slowly changing color (but what were the colors that alternately lit up and grew dark?) spinning around itself and over a landscape of fine sand covered with eyes—the eyes of Marie José who slept at my side. The undulating yellow landscape had turned into eyes that watched the stone breathe, dilating and contracting, suspended in the air. Then I was woken by a voice that said, "*Sima siembra*" ["Sima seeds"]. I got up and wrote, almost embarrassedly, the poem that Esteban had requested. Three days later I read in *Le Monde* that Sima had died. As the newspaper arrived in Mexico three days after publication in Paris, I had dreamed the dream and written the poem when Sima died.

THE PETRIFYING PETRIFIED

"the one-eyed dog": Xólotl, the double of Quetzalcoatl; the god who, in penance, pulled out an eye and descended to the underworld in the form of a dog.
"navel of the moon": Mexico is a word composed of *metztli* (*moon*), *xictli* (navel) and *co* (place): the place in the navel of the moon; that is, in the navel of the lake of the moon, as the lake of Mexico was called.
Chanfalla: Cervantes, *El retablo de las maravillas.*

SAN ILDEFONSO NOCTURNE

"sky of soot": Ramón López Velarde, "Dia 13."
"C'est la mort . . .": Gérard de Nerval, "Artémis."

A DRAFT OF SHADOWS

[The Spanish title, "Pasado en claro," means "clean copy" (as in the preparation of a manuscript) but with the added resonance of "pasado" (past/passed) and "claro" (clear or bright, in all their uses). The English title is a collaborative invention.]

THIS SIDE

[A few months after this poem was written, the critic Donald Sutherland died after a long illness.]